2015年中国粮食安全评估高层研讨会与会代表合影

会议全景

高铁生

黄海

洪涛

孔祥智

孟凡军

张传林

韩忠贵

吴玉芝

徐振宇

金陆成

Report on the Development of China Cereals Security 2014～2015

教育部哲学社会科学发展报告培育项目（13JBGP008）
中华粮网资助项目
首都流通业研究基地项目（JD-2015-36）

中国粮食安全发展报告

2014 ~ 2015

洪涛 傅宏 等◎著

经济管理出版社
ECONOMY & MANAGEMENT PUBLISHING HOUSE

图书在版编目（CIP）数据

中国粮食安全发展报告 2014~2015/洪涛，傅宏等著. —北京：经济管理出版社，2015.12
ISBN 978-7-5096-4111-8

Ⅰ.①中… Ⅱ.①洪… ②傅… Ⅲ.①粮食问题—研究报告—中国—2014~2015 Ⅳ.①F326.11

中国版本图书馆 CIP 数据核字（2015）第 284247 号

组稿编辑：张永美
责任编辑：张永美　郑　亮
责任印制：司东翔
责任校对：车立佳

出版发行：经济管理出版社
　　　　　（北京市海淀区北蜂窝 8 号中雅大厦 A 座 11 层　100038）
网　　　址：www. E-mp. com. cn
电　　话：（010）51915602
印　　刷：三河市延风印装有限公司
经　　销：新华书店
开　　本：880mm×1230mm/16
印　　张：13
字　　数：212 千字
版　　次：2015 年 12 月第 1 版　2015 年 12 月第 1 次印刷
书　　号：ISBN 978-7-5096-4111-8
定　　价：198.00 元

顾 问

目　录

导　论

第一节　中国需要粮食安全发展评估报告

一、"十一连增"、"十二连增"接踵而来

2004 年以来，我国粮食连续"十一连增"，粮食产量达 60710 万吨，增产 0.9%，2015 年"十二连增"，粮食产量达到 62143.5 万吨，增产 2.4%，从 2015 年主要粮食类别来看，表现为"四增两减"（见表 1）。

一是 2015 年小麦播种面积达到 24346 千公顷，较上年增长 0.6%，单产达到 5273 公斤/公顷，增长 1.97%，总产达到 12800 万吨，增长 2.58%。

二是稻谷"十二连增"，2015 年我国稻谷播种面积达 30370 千公顷，比上年增加 0.2%，预计如果后期天气条件持续良好，2015 年我国稻谷产量将达到 20800 万吨，比上年增产 1.24%。其中，

早稻产量预计达到 3369.1 万吨，比上年减产 32 万吨（6.4 亿斤），下降 0.9%，自 2013 年以来连续两年下降。

三是玉米"十二连增"，2015 年玉米播种面积达到 38346 千公顷，比上年增长 2.35%，玉米单产达到 5896 公斤/公顷，比上年下降 0.86%，玉米产量达到 22600 万吨，较上年增长 3.23%，创历史新高，连续多年增产，库存压力较大，下游饲料市场需求不活跃，导致玉米价格低迷。

四是 2015 年薯类播种面积达到 10750 千公顷，薯类单产达到 4030 公斤/公顷，薯类产量达到 4333 万吨，分别比上年增加 18.77%、6.4%、26.37%。其中第四大主粮马铃薯播种面积达到 5835 千公顷，产量达到 2107 万吨，分别增长 0.62%、2.75%。

五是 2015 年杂粮播种面积达到

19506 千公顷，杂粮总产量达到 5837 万吨，分别比上年减少 4.68%、1.41%。

六是 2015 年豆类播种面积达到 8574 千公顷，单产达到 1657 公斤/公顷，总产达到 1420 万吨，分别比上年减少

1.41%、1.93%、3.31%。其中大豆播种面积达到 5452 千公顷，单产达到 1799 公斤/公顷，总产量达到 980.6 万吨，比上年进一步减产。

表1　2015 年我国粮食产量预测一览

分类	播种面积 （千公顷）	增长（%）	单产 （公斤/公顷）	增长（%）	总产 （万吨）	增长（%）
小麦	24346	0.60	5273	1.97	12800	2.58
稻谷	30370	0.20	6848		20800	1.24
玉米	38346	2.35	5896	−0.86	22600	3.23
薯类	10750	18.77	4030	6.40	4333	26.37
杂粮	19506	−4.68	2992		5837	−1.41
豆类	8574	−1.41	1657	−1.93	1420	−3.31

从外部环境来看，根据联合国粮农组织（FAO）预测，2015 年世界谷物产量为创纪录的 25.56 亿吨，比 20 世纪 90 年代初的 20 亿吨增加了 5 亿多吨，其中中国增产粮食超过了 1.6 亿吨。2013 年以来，世界谷物产量连续三年超过 25 亿吨。

在新时期，如何看待我国粮食安全问题，并加快我国粮食生产、流通、消费的发展方式转变，是本报告亟待解决的关键问题。

二、2014 年出版了国内第一本粮食安全评估的发展报告

为了正确评估我国粮食安全的状况，从 2013 年以来，我们加强了中国粮食安全评估的研究，2014 年出版了第一本

粮食安全评估发展报告——《中国粮食安全发展报告 2013~2014》，弥补了我国经济安全发展报告的一个空白。

为什么这样讲呢？《中国粮食市场发展报告》是李经谋先生主编的，从粮食市场的角度对我国粮食状况进行分析和研究，至今已经先后出版了 13 本。《中国粮食发展报告》、《中国粮食年鉴》是国家粮食局官方出版物，主要是对国家粮食局每年的粮食工作进行总结和回顾。《中国的粮食问题》（白皮书）是国务院 1996 年出版的，至今没有再出版过。

我们撰写的《中国粮食安全发展报告》是从粮食安全评估的角度对粮食的生产、流通、消费及其财政金融税收信息预警储备等多方面的保障体系进行评估，所以说是我国第一本粮食安全评估报告（见图1）。

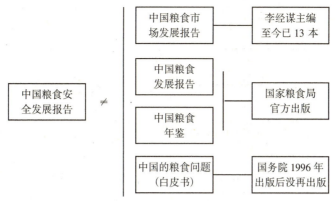

图1　中国粮食安全发展报告

《中国粮食安全发展报告》是2013年教育部哲学社会科学发展报告培育项目，主要从评估角度对我国粮食安全进行认定。《中国粮食安全发展报告2013~2014》是出版的第一个发展报告，分别是总报告、文献综述、粮食生产安全、消费安全、交易安全、进出口安全、物流保障安全、金融安全、财政安全、储备安全、信息预警安全进行评估和研究，报告初步建立了我国粮食安全评估指标体系，对2014年"一号文件"，2013年出版的专著、论文、项目、研讨会进行了总结，也记录了中国粮食安全评估高层研讨会纪要。

第二节　《中国粮食安全发展报告》的总体思路

一、《中国粮食安全发展报告》的两个主要构成

《中国粮食安全发展报告》的总体思路由两个方面构成，一是从粮食生产、流通、消费安全的角度进行评估；二是从粮食金融、财政、储备、信息预警等粮食保障的角度进行评估（见图2）。

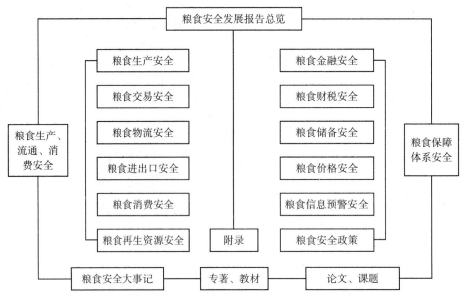

图 2 《中国粮食安全发展报告》的构成

二、先后举办了 17 次研讨会

洪涛教授 2009 年中标了国家发改委"十二五"前期全国招标重点攻关项目《粮食安全问题研究》，并在此基础上出版了《中国粮食安全保障体系及预警》专著，2013 年中标了教育部中国粮食安全发展报告项目。

2009 年至今，洪涛教授先后举办了 17 次研讨会：

2009 年 1 月 11 日，粮食安全问题第一次研讨会；

2009 年 1 月 16 日，粮食安全问题第二次研讨会；

2009 年 2 月 22 日，粮食安全问题第三次研讨会；

2009 年 3 月 1 日，粮食安全问题第四次研讨会；

2009 年 5 月 5 日，粮食安全问题第五次研讨会；

2009 年 7 月 6 日，粮食安全问题第六次研讨会；

2009 年 9 月 6 日，粮食安全问题第七次研讨会；

2009 年 12 月 10 日，粮食安全问题第八次研讨会；

2010 年 12 月 11 日，粮食安全问题第九次研讨会；

2013 年 9 月 26 日，粮食安全问题第十次研讨会；

2013 年 10 月 9 日，粮食安全问题第十一次研讨会；

2013 年 11 月 22 日，粮食安全问题第十二次研讨会；

2014 年 4 月 7 日，粮食安全问题第十三次研讨会；

2014 年 10 月 13 日，粮食安全问题第十四次研讨会；

2014 年 11 月 12 日，粮食安全问题第十五次研讨会；

2015 年 5 月 21 日，粮食安全问题第十六次研讨会，暨"2014~2015 粮食安全评估专家座谈会"。

2015 年 10 月 11 日，粮食安全问题第十七次研讨会。

三、形成了粮食安全评估报告的团队

在此基础上，形成了以洪涛教授、傅宏研究员为核心，以孟凡军研究员、孙忠研究员、焦善伟研究员、代艳伟研究员、牛尚研究员、何渝教授、徐晓慧教授、张正平教授、郭毅教授、刘晓雪副教授、郭庆硕士、刘璟琳硕士、王维维硕士、王文楠硕士、王亚男硕士、廖香香硕士、李春晓、李健、李国玉等为代表的研究团队，还与国务院发展研究中心、国家粮食局、国家粮食局粮食科学研究院、中国郑州粮食批发市场、中华粮网、粮食咨询决策杂志等建立了长期的合作关系。这些为笔者承担《中国粮食安全发展报告》的撰写、编辑、出版等奠定了基础。

第三节 《中国粮食安全发展报告》的特点

一、按照新的粮食安全及其保障体系概念开展研究

20 世纪 70 年代以来，从粮食安全概念的提出到人们的重视，至今已经 40 多年了，粮食安全的内涵也越来越扩大了，在新的时期应有所发展。所谓新的粮食安全观，即"供得够、送得到、买得起、吃得好"，"一国的粮食安全不影响其他国家的粮食安全"等。粮食安全发展报告从国家、动态、保障体系、品种、空间层次等角度研究了粮食安全，包括粮食安全保障体系的组织结构、目标、原则、方式、机制等内容。

二、按照粮食安全保障体系构架

按照粮食安全预警保障体系的思路，即粮食少了不安全，粮食多了也不安全，但其主要矛盾是解决粮食少的问题。我国具有在粮食少的情况下保证粮

食安全的实力与技巧，但是，缺乏在粮食供过于求时的宏观调控。

三、按照粮食安全设计建立了保障体系

发展报告设计建立了一个粮食安全保障体系，我们认识到粮食安全必须有一系列指标体系，而随着经济、政治、军事、文化、意识形态安全的变化，随着全球化、市场化、信息网络化，我们许多传统指标已经过时，如耕地红线、播种面积、储备品种数量、人均占有量、粮食产量波动率等。这些调整是科学的、合理的、经济的、低碳的、绿色的、环保的，符合我国的实际情况，符合开放经济的发展方向与趋势。

四、发展报告确定了粮食安全的等级层次

从粮食安全的不同等级层次，我们将其分为粮食安全、粮食比较安全、粮食不安全、粮食危机。粮食安全的警度级别一般分为无警、轻警、中警、重警和巨警，这基本上是约定俗成的。本书中，粮食安全的等级层次指标以粮食供求平衡为中心形成无警——粮食安全，以粮食安全为中心向两边分为短缺和过

剩的 8 个不同的层次，因此，警度级别名称分为 9 种，如表 2 所示，短缺与过剩是粮食指标中常用的划分，相对应的粮食安全等级名称如表 2 所示，其中列出了两者的对应关系。

表 2　粮食安全等级层次与预警级别

警度级别名称	安全等级名称
短缺巨警	粮食危机
短缺重警	粮食不安全
短缺中警	粮食比较安全
短缺轻警	
无警	粮食安全
过剩轻警	粮食比较安全
过剩中警	
过剩重警	粮食不安全
过剩巨警	粮食危机

用粮食安全图表示，安全是曲线的最高顶峰，纵轴从下而上，代表着安全等级的提高，横轴从左向右代表着供给量的增加，随着供给量的增加，曲线从危机到不安全（0），再从 0 到安全，安全的等级是逐渐提高的；从安全到 0，安全等级是逐渐下降的，这里表示供给增加与安全度具有一定关系，但是超过一定量后，供给增加并不代表安全度的增加，可能出现粮食危机。所以，对粮食安全度而言，生产量并非越多越好。我们不承认"过度安全"的概念，我们认为，所谓"过度安全"也是不安全。如图 3 所示。

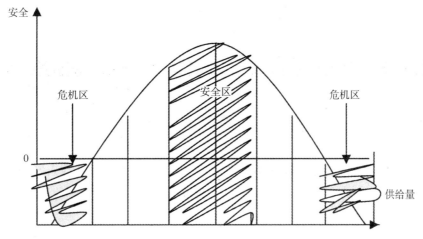

图 3　粮食安全等级曲线

从粮食安全的等级层次来看，粮食短缺存在粮食危机或者粮食不安全，粮食过剩也会出现粮食危机或粮食不安全，粮食库存短缺会出现粮食危机或粮食不安全，粮食库存过量也会出现粮食危机或粮食不安全。

五、发展报告对我国粮食安全进行了评价

根据粮食安全及其保障体系指标，对我国粮食安全进行了评价。粮食安全的指标包括粮食生产安全、流通安全、消费安全，粮食安全保障体系的指标包括粮食财政、粮食关税、粮食金融、粮食保险、粮食储备、粮食预警等。

六、发展报告对年度粮食安全得出相应的结论

发展报告在具体研究分析的基础上，

得出年度结论。2013~2014 年粮食安全发展报告评估中国粮食安全为比较安全，2014~2015 年粮食安全发展报告评估为比较安全，从稻米、小麦、玉米、土豆、粮食电商等方面进行了评估，并对粮食财政、粮食关税、粮食金融、粮食保险、粮食储备、粮食预警等方面分别进行了评估。

七、发展报告提出我国粮食安全的相应政策建议

在粮食安全生产、粮食安全消费、粮食国内外贸易安全、粮食储备/粮食物流安全、粮食金融安全、粮食财政安全、粮食风险防范等方面给出相应的判断和建议。

第四节 《中国粮食安全发展报告》的评估指标体系

一、借鉴国内外对粮食安全的评估方法

1. FAO 对世界粮食安全状况的评估方法

FAO 从 1999 年开始，每年都要测算世界食物不安全状况，并发布《世界粮食不安全状况报告》。

FAO 对世界粮食不安全状况的评估标准主要是每个国家（或地区）总人口中营养不良人口所占的比重。所谓营养不良是指人均每日摄入的热量少于 2100 卡路里（Calories）的状况。如果一个国家（或地区）营养不良人口的比重达到或超过 15%，则该国属于粮食不安全国家（或地区）。

FAO 在进行测算时，主要指标有：食物生产量、进出口量、库存量；人口的总量及其年龄和性别分布；消费分布。

FAO 评估程序如图 4 所示。

| (1) 计算从当年生产和进口、库存中可获得的卡路里的总量 | (2) 根据人口的构成状况和不同性别、年龄的人口对卡路里的需要，计算出人均的最低卡路里的需要量 | (3) 根据总人口和卡路里总量，计算出一个国家或地区可获得的人均卡路里 | (4) 考虑获得粮食的不平等状况，适当进行调整 | (5) 计算一个国家或地区的食物摄入量低于最低需要量的百分比 | (6) 用百分比乘以人口总量，求出营养不良的人口总数 |

图 4 FAO 评估程序

2. 美国农业部经济研究局对美国粮食安全状况的评估方法

美国政府采用问卷调查的方法进行评估。问卷包含了 18 个有关粮食消费条件和行为的问题，可以分为以下三类。

第一类是住户项目，包括 3 个问题：①担心在我（我们）有钱购买更多的食品之前把食物消费完毕；②所购买的食品不能持久，我（我们）没有钱再购买更多的食品；③消费不起营养均衡的食物。

第二类是针对成年人的项目，包括 7 个问题：①成年人缩减进食量或减少进餐顿数；②成年人所食用的饭食量少

于应该食用的数量；③成年人在3个月或3个月以上都缩减饭食量或减少进餐顿数；④成年人由于没有足够的支付能力购买食物而挨饿；⑤成年人体重下降；⑥一整天未进餐；⑦在3个月或3个月以上有一整天未进餐。

第三类是针对儿童的项目，包括8个问题：①以少数集中低价食物来喂养儿童；②不能为儿童提供营养均衡的食品；③儿童吃不饱；④缩减儿童的饭食量；⑤儿童挨饿；⑥儿童减少进餐顿数；⑦在3个月或3个月以上儿童减少进餐顿数；⑧儿童一整天未进餐。

3.朱泽的四项指标简单平均法

其具体做法是：设国家安全系数为λ，在对各国的λ值进行计算时，先进行如下的假定：①一个国家的粮食安全系数可以由粮食波动率、粮食储备率、粮食自给率、人均占有量这四项指标进行完全解释。②以上四项指标对λ的解释度或称贡献率是等同的，即它们的权重是相同的。据此假设，有$\lambda_i=(\sum\lambda_{ij})/4$，其中，$\lambda_{ij}$为第$i$个国家第$j$项指标取值。显然，$0\leqslant\lambda\leqslant1$。$\lambda$越接近1，表示

粮食安全水平越高，λ越接近0，表示不安全程度越高。$\lambda=1$，表示粮食体系处于绝对安全状态，$\lambda=0$，表示粮食体系处于绝对不安全状态。

4.徐逢贤等人的五项指标简单平均法

五项指标简单平均法如图5所示。

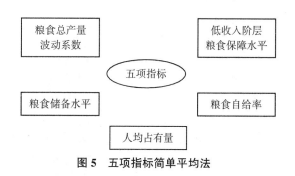

图5　五项指标简单平均法

5.马九杰等人的五项指标加权平均法

粮食安全综合系数是食物及膳食能量供求平衡指数、粮食生产波动指数、粮食储备/需求比率、粮食国际贸易依存度系数、粮食及食物市场价格稳定性各指标得分值（各指标对应的警级数值）的加权平均值，这几项指标的权重分别为0.3、0.2、0.2、0.1、0.1。依据粮食安全综合指数可对粮食安全总体水平发出信号警示灯（见图6）。

图6　五项指标加权平均法

二、报告所构建的指标体系介绍

2014 年度我国粮食安全评估体系如表 3 所示。

表 3　2014 年度我国粮食安全评估指标体系

指标类别	指标代号	指标名称	标准值	安全权重
生产安全指标	a	人均粮食播种面积（亩/人）	1.2	0.15
	b	粮食总产量波动率（%）	±5（0）	0.15
流通安全指标	c	口粮自给率（%）	100	0.05
	d	谷物自给率（%）	95	0.05
	e	粮食价格变动率（%）	4（0）	0.05
消费安全指标	f	人均粮食占有量（公斤/人）	400	0.15
进出口安全指标	g	外贸依存系数（%）	5	0.1
财政保障指标	h	粮食、农资、良种、农机具四项补贴（亿元）	1257	0.1
金融保障指标	i	粮油贷款金额（亿元）	8037	0.1
保险保障指标	j	农保费比重（%）	2	0.05
	k	农保赔付率（%）	50	0.05

上述一系列指标从生产安全、流通安全、消费安全、进出口安全、财政保障、金融保障、保险保障等不同角度对我国的粮食安全状况进行评估，从而形成了一套全面、科学、合理的评估指标体系。

（一）生产安全指标

1. 人均粮食播种面积

这是一个反映宏观的、生产的、供给的粮食安全指标。因为土地是粮食生产的载体和基础，在技术一定的前提下，若没有一定的人均粮食播种面积作保障的话，粮食安全就无法保障。土地是不可再生资源，随着国家工业化、现代化的推进，人均耕地面积在不断下降，人地矛盾越来越突出，因此，要保障粮食安全，要保证一定的人均粮食播种面积，其对粮食安全的影响系数定为0.15。

根据我国 2005 年以来的粮食单产水平、居民粮食消费量，在目前农业技术水平生产条件下，人均只需要 1.29 亩的粮食播种面积，就可以实现粮食安全自给。同时，考虑耕地面积下降、粮食生产的经济性和粮食进口等因素，保障粮食安全的实际人均粮食播种面积可适当减少。另外，近 5 年我国人均粮食播种面积为 1.21 亩，我国的粮食安全基本得到保障。因此，在未来较长一段时间内，要保障我国粮食的宏观安全、生产安全和供给安全，人均粮食播种面积的安全底线可定为1.2亩。

设人均粮食播种面积对粮食安全的实际影响系数为 λ_a，则：

$$\lambda_a = 0.15 \times \frac{a_t}{1.2}$$，式中 a_t 为第 t 年人均粮食播种面积的实际值。

设人均粮食播种面积的安全度为 λ_A，则：

$$\lambda_A = \frac{\lambda_a}{0.15} \times 100\%$$

如2014年，我国人均粮食播种面积为1.243亩，则2014年人均粮食播种面积对粮食安全的实际影响系数为：

$$\lambda_a = 0.15 \times \frac{1.243}{1.2} \times 100\% = 0.1554$$

2014年人均粮食播种面积的安全度为：

$$\lambda_A = \frac{0.1554}{0.15} \times 100\% = 103.6\%$$

2. 粮食总产量波动率

这是一个反映宏观的、供给的粮食安全指标。粮食总产量决定人均粮食占有量，粮食总产量波动不定，将影响人均粮食占有量的稳定性，进而影响国家粮食安全的稳定性，因此，将粮食总产量波动率对粮食安全的影响系数定为0.15。

根据我国粮食总产量波动的历史资料及学者的相关研究，我国粮食总产量的波动率的正常安全范围应该在±5%以内。

设 λ_b 为粮食总产量波动率对粮食安全的实际影响系数，则：

$$\lambda_b = 0.15 \times (1 \pm b_t)$$，式中 b_t 为第 t 年的粮食总产量波动率。

设粮食总产量波动率的安全度为 λ_B，则：

$$\lambda_B = \frac{\lambda_b}{0.15} \times 100\%$$

如2014年，我国粮食总产量波动率为0.9%，则2014年我国粮食总产量波动率对粮食安全的实际影响系数为：

$$\lambda_b = 0.15 \times (1 + 0.9\%) = 0.1514$$

2014年我国粮食总产量波动安全度为：

$$\lambda_B = \frac{0.1514}{0.15} \times 100\% = 100.93\%$$

（二）流通安全指标

1. 口粮自给率

口粮指的是稻米和小麦，特指每人日常生活所需要的最主要粮食，我国口粮消费呈现"南稻北麦"格局。口粮安全包括以下四个方面目标：①确保生产足够的粮食；②保证口粮质量健康；③最大限度地稳定口粮供应；④确保人们都能获得所需要的口粮。口粮是粮食的重要组成部分，因而口粮安全是粮食安全的重中之重。笔者将口粮自给率对粮食安全的影响系数定为0.05。

在我国，粮食安全的工作重点是保障口粮自给率基本达到100%，鉴于耕地资源有限，未来我国应把口粮安全放在重点位置，整合资源支持重点粮食品类的有效供给，充分利用国内外资源，进口油脂、油料、大豆等作物，确保口粮绝对安全。

设口粮自给率对粮食安全的实际影响系数为 λ_c，则：

$$\lambda_c = 0.05 \times \frac{c_t}{100\%}$$，式中 c_t 为第 t 年口粮自给率的实际值。

设口粮自给率的安全度为 λ_C，则：

$$\lambda_C = \frac{\lambda_c}{0.05} \times 100\%$$

如 2014 年，我国口粮自给率为 97.81%，则 2014 年口粮自给率对粮食安全的实际影响系数为：

$$\lambda_C = 0.05 \times \frac{97.81\%}{100\%} = 0.0489$$

2014 年口粮自给率的安全度为：

$$\lambda_C = \frac{0.0489}{0.05} \times 100\% = 97.81\%$$

2. 谷物自给率

我国粮食概念主要包括谷物、豆类和薯类三类，谷物主要包括稻米、小麦、玉米"三大主粮"，谷类作为中国人的传统饮食，几千年来一直是居民餐桌上不可缺少的食物之一，在我国的膳食中占有重要的地位，被当作传统的主食。笔者将谷物自给率对粮食安全的影响系数定为 0.05。

中国新型国家粮食安全战略指出，根据中国的资源禀赋和粮食消费需求的实际，确定科学的、可行的粮食自给率

目标，谷物应保持在 95% 以上的自给率，其中作为饲料用粮和工业用粮的玉米需求最大。

设谷物自给率对粮食安全的实际影响系数为 λ_d，则：

$$\lambda_d = 0.05 \times \frac{d_t}{95\%}$$，式中 d_t 为第 t 年谷物自给率的实际值。

设谷物自给率的安全度为 λ_D，则：

$$\lambda_D = \frac{\lambda_d}{0.05} \times 100\%$$

如 2014 年，我国谷物自给率为 96.62%，则 2014 年谷物自给率对粮食安全的实际影响系数为：

$$\lambda_d = 0.05 \times \frac{96.62\%}{95\%} = 0.0509$$

2014 年谷物自给率的安全度为：

$$\lambda_D = \frac{0.0509}{0.05} \times 100\% = 101.8\%$$

3. 粮食价格变动率

这是一个反映粮食流通安全的指标。因为粮食价格变化会直接影响到居民粮食购买力及粮食消费水平，进而影响到粮食安全，故粮食价格变动率应成为衡量粮食安全的指标之一，其对粮食安全的影响系数为 0.05。

粮食是缺乏弹性的商品，价格变化对其需求量的变化影响不大，但对居民的购买力及生活水平则影响较大，甚至影响到社会稳定。根据经济发展水平，人们对价格变化的承受程度以及通货膨胀理论，粮食价格变动率的最高限为 4%。

设价格变动率对粮食安全的实际影响系数为 λ_e，则：

$$\lambda_e = 0.05 \times \left(1 \pm \frac{e_t - 4}{4}\right)$$，式中 e_t 为第 t 年价格变动率的实际值。

设 λ_E 为价格变动率的安全度，则：

$$\lambda_E = \frac{\lambda_e}{0.05} \times 100\%$$

如 2014 年，我国粮食价格变动率为 4.6%，则 2014 年价格变动率对粮食安全的实际影响系数为：

$$\lambda_e = 0.05 \times \left(1 - \frac{4.6 - 4}{4}\right) = 0.0425$$

2014 年价格变动率安全度为：

$$\lambda_E = \frac{0.0425}{0.05} \times 100\% = 85\%$$

（三）消费安全指标——人均粮食占有量

人均粮食占有量是反映一个国家粮食安全程度的综合指标。在一国粮食总产量一定的情况下，平均每个国民的粮食占有量在一定程度上反映了该国粮食安全水平。人均粮食占有量越高，粮食安全水平也越高；相反则粮食安全水平越低。因此，笔者将人均粮食占有量对粮食安全的影响系数定为 0.15。

根据中国营养学会膳食宝塔、中国食物与营养纲要、同等收入情况下日本的营养水平，确定了我国居民全面小康的营养与食物消费目标。实现以上营养目标，2010 年我国人均粮食需求量应为 390~403 公斤，2020 年人均粮食需求量应为 432~442 公斤。目前，由于我国粮食出现阶段性过剩，有学者对 20 世纪 80 年代提出的"粮食安全线"——人均占有粮食 400 公斤提出异议。认为我国大多数年份并没有达到 400 公斤的人均占有水平，粮食仍然供给有余，并据此认为粮食安全线应该下调。小康阶段人均占有粮食 400 公斤是否能保障粮食安全，关系到全面小康阶段我国粮食供需能否平衡，人民的生活是否有保证。只有准确把握这一指标变化，才能在充分利用资源，高速发展国民经济的同时解决粮食问题。

设人均粮食占有量对粮食安全的实际影响系数为 λ_f，则：

$$\lambda_f = 0.15 \times \frac{f_t}{400}$$，式中 f_t 为第 t 年人均粮食占有量的实际值。

设 λ_F 为人均粮食占有量的安全度，则：

$$\lambda_F = \frac{\lambda_f}{0.15} \times 100\%$$

如 2014 年，我国人均粮食占有量为 446.16 公斤，则 2014 年人均粮食占有量对粮食安全的实际影响系数为：

$$\lambda_f = 0.15 \times \frac{446.16}{400} = 0.1673$$

2014 年人均粮食占有量安全度为：

$$\lambda_F = \frac{0.1673}{0.15} \times 100\% = 111.53\%$$

（四）进出口安全指标——外贸依存系数

粮食外贸依存度是用来衡量一国粮

食市场对国际市场依赖程度的指标之一。客观认识粮食外贸依存度问题，直接影响着一个国家粮食种植结构、数量和对外开放战略。

按照国家粮食安全规划报告中粮食外贸依存度的安全水平（5%），加入WTO后整体上中国粮食外贸依存度的水平看似偏高，平均水平达8.18%。实际上这是由于中国粮食贸易品种不平衡所致。外贸依存系数对粮食安全的影响系数定为0.1。

设外贸依存系数对粮食安全的实际影响系数为 λ_g，则：

$$\lambda_g = 0.1 \times \left(1 \pm \frac{g_t - 5}{5}\right)$$，式中 g_t 为第 t 年外贸依存系数的实际值。

设 λ_G 为外贸依存系数的安全度，则：

$$\lambda_G = \frac{\lambda_g}{0.1} \times 100\%$$

如 2014 年，我国粮食外贸依存系数为 5.2%，则 2014 年外贸依存系数对粮食安全的实际影响系数为：

$$\lambda_g = 0.1 \times \left(1 - \frac{5.2 - 5}{5}\right) = 0.096$$

2014 年外贸依存系数安全度为：

$$\lambda_G = \frac{0.096}{0.1} \times 100\% = 96\%$$

（五）财政保障指标——粮食、农资、良种、农机具四项补贴

我国粮食财政直接补贴政策，包括综合性收入补贴和生产性专项补贴。综合性收入补贴政策主要由粮食直补政策和农资综合直补政策构成。生产性专项补贴政策主要由价格支持政策（即最低价收购政策）和生产资料补贴政策（包括良种补贴、农机具购置补贴等）构成。农业四项补贴是衡量财政保障的重要指标，本文将农业四项补贴对粮食安全的影响系数定为0.1。

设粮食、农资、良种、农机具四项补贴对粮食安全的实际影响系数为 λ_h，则：

$$\lambda_h = 0.1 \times \frac{h_t}{1257}$$，式中 h_t 为第 t 年粮食、农资、良种、农机具四项补贴实际值。

设粮食、农资、良种、农机具四项补贴为 λ_H，则：

$$\lambda_H = \frac{\lambda_h}{0.1} \times 100\%$$

如 2014 年，我国粮食、农资、良种、农机具四项补贴为 1638 亿元，则 2014 年粮食、农资、良种、农机具四项补贴对粮食安全的实际影响系数为：

$$\lambda_h = 0.1 \times \frac{1638}{1257} = 0.1303$$

2014 年粮食、农资、良种、农机具四项补贴的安全度为：

$$\lambda_H = \frac{0.1303}{0.1} \times 100\% = 130.3\%$$

（六）金融保障指标——粮油贷款金额

中国农业发展银行提供的粮油贷款

种类繁多，涉及收购、储备、调销、调控、流转等 11 种贷款业务。其中粮食收购贷款是指向企业发放的用于自主收购粮食所需资金的贷款。粮食收购贷款仅包括稻谷、小麦、玉米、大豆四个粮食品种的收购贷款。粮食收购贷款是准政策性业务。本文将粮油贷款金额对粮食安全的影响系数定为 0.1。

设粮油贷款金额对粮食安全的实际影响系数为 λ_i，则：

$$\lambda_i = 0.1 \times \frac{i_t}{8037}$$，式中 i_t 为第 t 年粮油贷款金额实际值。

设粮油贷款金额为 λ_I，则：

$$\lambda_I = \frac{\lambda_i}{0.1} \times 100\%$$

如 2014 年，我国粮油贷款金额为 10374.54 亿元，则 2014 年粮油贷款金额对粮食安全的实际影响系数为：

$$\lambda_i = 0.1 \times \frac{10374.54}{8037} = 0.1291$$

2014 年粮油贷款金额的安全度为：

$$\lambda_I = \frac{0.1291}{0.1} \times 100\% = 129.1\%$$

（七）保险保障指标

1. 农保费比重

农业保险费占保险费总额的比重，即农保费比重，是衡量保险保障的一个综合性指标。自然灾害每年给中国造成 1000 亿元以上的经济损失，受害人口 2 亿多人次，其中农民是最大的受害者，以往救灾主要靠民政救济、中央财政的

应急机制和社会捐助，农业保险无疑可使农民得到更多的补偿和保障。这一指标可以从宏观层面衡量全国农业保险的现状，本文将农保费比重对粮食安全的影响系数定为 0.05。

设农保费比重对粮食安全的实际影响系数为 λ_j，则：

$$\lambda_j = 0.05 \times \frac{j_t}{2}$$，式中 j_t 为第 t 年农保费比重实际值。

设农保费比重为 λ_J，则：

$$\lambda_J = \frac{\lambda_j}{0.05} \times 100\%$$

如 2014 年，我国农保费比重为 1.61%，则 2014 年农保费比重对粮食安全的实际影响系数为：

$$\lambda_j = 0.05 \times \frac{1.61}{2} = 0.0403$$

2014 年农保费比重的安全度为：

$$\lambda_J = \frac{0.0403}{0.05} \times 100\% = 80.6\%$$

2. 农保赔付率

一般来讲，农业保险赔付率是衡量农业当年发展情况的指标之一，赔付率居高不下表明存在道德风险或者农业整体亏损。赔付率过高，也阻碍农业保险的发展，致使保险公司不愿开展农保业务。本文将农保赔付率对粮食安全的影响系数定为 0.05。

设农保赔付率对粮食安全的实际影响系数为 λ_k，则：

$\lambda_k = 0.05 \times \left[1 \pm \dfrac{k_t - 50}{50}\right]$，式中 k_t 为第 t 年农保赔付率实际值。

设农保赔付率为 λ_k，则：

$$\lambda_K = \dfrac{\lambda_K}{0.05} \times 100\%$$

如 2014 年，我国农保赔付率为 65.89%，则 2014 年农保赔付率对粮食安全的实际影响系数为：

$$\lambda_k = 0.05 \times \left[1 - \dfrac{65.89 - 50}{50}\right] = 0.034$$

2014 年农保赔付率的安全度为：

$$\lambda_K = \dfrac{0.034}{0.05} \times 100\% = 68\%$$

设 λ 为粮食安全综合系数或指数，则有：

$$\lambda = \lambda_a + \lambda_b + \lambda_c + \lambda_d + \lambda_e + \lambda_f + \lambda_g + \lambda_h + \lambda_i + \lambda_j + \lambda_k$$

式中 λ_a 为人均粮食播种面积、λ_b 为粮食总产量波动率、λ_c 为口粮自给率、λ_d 为谷物自给率、λ_e 为粮食价格变动率、λ_f 为人均粮食占有量、λ_g 为粮食外贸依存系数、λ_h 为农资、良种、农机具四项补贴、λ_i 为粮油贷款金额、λ_j 为农保费比重、λ_k 为农保赔付率。

根据上面的计算，2014 年我国粮食安全综合系数：

λ = 0.1554 + 0.1514 + 0.0489 + 0.0509 + 0.0425 + 0.1673 + 0.096 + 0.1303 + 0.1291 + 0.0403 + 0.034 = 1.0461

根据上述指标，可以计算出我国 2005~2014 年粮食安全系数，如表 4 所示。

表 4　我国 2005~2014 年粮食安全系数

年 份	λ_a	λ_b	λ_c	λ_d	λ_e	λ_f
2005	0.1495	0.1545	0.0514	0.0547	0.1863	0.1388
2006	0.1496	0.1541	0.0518	0.0543	0.0875	0.1419
2007	0.1500	0.1512	0.0521	0.0547	0.1163	0.1424
2008	0.1508	0.1577	0.0515	0.0537	0.0191	0.1493
2009	0.1531	0.1507	0.0512	0.0534	0.0199	0.1491
2010	0.1536	0.1543	0.0512	0.0533	0.1858	0.1528
2011	0.1539	0.1565	0.0511	0.0532	0.0421	0.1590
2012	0.1540	0.1547	0.0505	0.0524	0.0138	0.1633
2013	0.1543	0.1532	0.0489	0.0514	0.0425	0.1659
2014	0.1554	0.1514	0.0489	0.0509	0.0425	0.1673
年 份	λ_g	λ_h	λ_i	λ_j	λ_k	λ
2005	0.0200	0.0137	0.0803	0.0033	0.0540	0.9065
2006	0.0540	0.0251	0.0923	0.0038	0.0290	0.8434
2007	0.0200	0.0409	0.0977	0.0185	0.0440	0.8878
2008	0.0674	0.0820	0.1102	0.0283	0.0420	0.9120
2009	0.0312	0.1014	0.1171	0.0300	0.0240	0.8811
2010	−0.0102	0.0975	0.1149	0.0235	0.0260	1.0027
2011	−0.0076	0.1119	0.1033	0.0303	0.0530	0.9067

续表

年 份	λ_g	λ_h	λ_i	λ_j	λ_k	λ
2012	−0.0240	0.1307	0.1115	0.0388	0.0460	0.8917
2013	0.0960	0.1353	0.1291	0.0445	0.0320	1.0531
2014	0.0960	0.1303	0.1291	0.0403	0.0340	1.0461

第五节 《中国粮食安全发展报告2014~2015》的框架体系

根据专家评审会议的意见，《中国粮食安全发展报告2014~2015》的框架体系相对简单，主要由9个方面构成：①导论。②2014~2015年我国粮食安全现状分析。③2014~2015年我国稻谷安全现状分析。④2014~2015年我国小麦安全现状分析。⑤2014~2015年我国玉米安全现状分析。⑥2014~2015年我国马铃薯安全现状分析。⑦2014~2015年我国粮食电子商务安全现状分析。⑧2014~2015年我国粮食生产安全现状分析。⑨2014~2015年我国粮食金融安全现状分析，如图7所示。

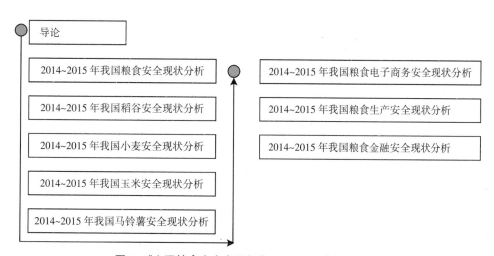

图7 《中国粮食安全发展报告2014~2015》框架体系

参考文献

[1] 李经谋，洪涛. 中国粮食市场发展报告 [M]. 北京：中国财经出版社，2013.

[2] 国家粮食局. 2013中国粮食发展报告 [M]. 北京：经济管理出版社，2013.

[3] 国家粮食局. 2013中国粮食年鉴 [M]. 北京：经济管理出版社，2013.

[4] 中华人民共和国国务院新闻办公室. 中

国的粮食问题白皮书［S］. 1996-10-01.

［5］洪涛. 中国粮食安全发展报告 2013~2014［M］. 北京：经济管理出版社，2013.

［6］FAO. 2015 年世界粮食不安全状况. 2015.

［7］朱泽. 中国粮食安全问题实证研究与政策选择［M］. 武汉：湖北科学技术出版社，1998.

［8］徐逢贤等. 中国农业扶持与保护［M］. 北京：首都经济贸易大学出版社，1999.

［9］马九杰. 粮食安全衡量及预警指标体系研究［J］. 管理世界，2001.

［10］我国稻谷产量预计将达 2.08 亿吨［N］. 粮油市场报，2015-06-15.

［11］预计 2015 年我国小麦总产量约 2310 亿斤［N］. 粮油市场报，2015-08-21.

［12］观察：国家统计局夏粮喜增 3.3%［N］. 粮油市场报，2015-08-12.

［13］陈建. 联合国粮农组织：全球食品价格创 6 年来新低，7 月食品价格指数同比降幅高达 19.4%［N］. 经济日报，2015-08-10.

［14］互联网+中国云谷产业振兴新引擎［N］. 哈尔滨日报，2015-04-19.

［15］赵瑞华. 互联网+"大米"东北米企组建电商联盟［N］. 粮油市场报，2015-07-20.

第一章 2014~2015年我国粮食安全现状分析

第一节 2014年我国粮食安全的现状分析

一、2014年我国粮食"三量齐增"

2014年，我国粮食产量实现"十一连增"，粮食进口数量不断攀升；此外，粮食的库存量也达到近年高点——我国粮食正呈现生产量、进口量、库存量"三量齐增"的现象。

1. 2014年我国粮食产量实现"十一连增"

2014年，国民经济在新常态下保持平稳运行，呈现出增长平稳、结构优化、质量提升、民生改善的良好态势，全国粮食产量实现"十一连增"，农民增收实现"十一连快"。

2014年，粮食总产和粮食单产分别达到了12142亿斤和359公斤，创历史新高。同时，我国的人均粮食占有量居于历史最高，接近900斤。中国已经连续8年登上了10000亿斤台阶，连续4年登上11000亿斤台阶，连续两年登上12000亿斤台阶。全国粮食总产量60710万吨（12142亿斤），比2013年增加516万吨（103.2亿斤），增长0.9%（见图1-1）。其中谷物总产量55726.9万吨（11145.4亿斤），比2013年增加457.7万吨（91.5亿斤），增长0.8%。

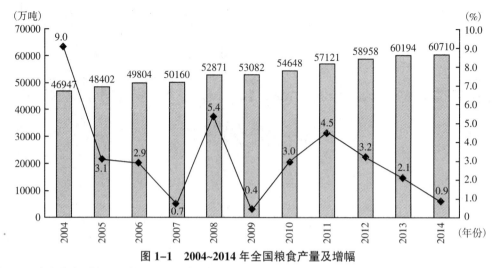

图 1-1　2004~2014 年全国粮食产量及增幅

资料来源：国家统计局：《中国统计年鉴（2014）》，《2014 年国民经济和社会发展统计公报》。

我国粮食生产受耕地、淡水等资源环境的约束，连续增产的难度越来越大，粮食产量进一步增长的空间受限。2014 年我国粮食产量增幅连续 3 年下滑。

2014 年全国粮食播种面积 112738.3 千公顷（169107.4 万亩），比 2013 年增加 782.7 千公顷（1174.1 万亩），增长 0.7%。其中谷物播种面积 94622.8 千公顷（141934.1 万亩），比 2013 年增加 854.1 千公顷（1281.2 万亩），增长 0.9%。

全国粮食单位面积产量 5385 公斤/公顷（359 公斤/亩），比 2013 年增加 8.4 公斤/公顷（0.6 公斤/亩），提高 0.2%。其中谷物单位面积产量 5889.4 公斤/公顷（392.6 公斤/亩），比 2013 年减少 4.8 公斤/公顷（0.3 公斤/亩），下降 0.1%。如表 1-1 所示。

表 1-1　2014 年粮食播种面积、单位面积产量及总产量

	播种面积（千公顷）	单位面积产量（公斤/公顷）	总产量（万吨）
全年粮食	112738.3	5385.0	60709.9
一、分季节			
1. 夏粮	27603.6	4948.5	13659.6
2. 早稻	5795.0	5868.9	3401.0
3. 秋粮	79339.7	5501.6	43649.3
二、分品种			
1. 谷物	94622.8	5889.4	55726.9
其中：玉米	37076.1	5817.0	21567.3
稻谷	30309.2	6810.7	20642.7
小麦	24063.9	5243.2	12617.1
2. 豆类	9179.0	1771.1	1625.7
3. 薯类	8936.6	3756.8	3357.3

注：由于小数位计算机自动进位问题，分品种数合计与全年数略有差异。

资料来源：国家统计局。

2. 2014 年中国粮食进口总量达到最高

根据《经济学人》智库发布的《2013年世界粮食安全指数报告》，西方国家占领了全球粮食安全系数排行榜第一梯队，中国位列第 42 位，远远领先于中国，也领先于粮食严重依赖进口的日本（第 18 位）和韩国（第 24 位）。如今，中国两个市场联动进入一个新的历史时期。

2014 年中国粮食进口总量超过 1 亿吨，这 1 亿吨中 70% 以上进口的是大豆，达到了 7140 万吨，同比增加 12.7%。谷物类进口量只有 1952 万吨，同比增加 38%，仅占粮食总产量的 3.2%。大米及一些工业用粮有了增加，如高粱、大麦。若将 541 万吨玉米酒糟作为玉米制品纳入粮食范畴，粮食进口量达 1.06 亿吨。

由于 2014 年国产小麦品质高，进口需求下降，进口量为 300.4 万吨，同比减少 45.7%。玉米内外价差扩大，价差一度超过配额外关税 65% 的幅度，但由于实施了转基因管理及进口与库存配比销售等调控措施，玉米进口 259.9 万吨，同比减少 20.4%。大米进口仍保持增长，进口 257.9 万吨，同比增加 13.6%。同时，作为玉米替代品的高粱、大麦进口增势迅猛，合计进口 1119 万吨，同比增加了 778 万吨，增长 2.3 倍。

油菜籽进口继续大幅增加，在 2013年进口 6337.5 万吨，同比增加 8.5% 的基础上，进口 508.1 万吨，同比增加 38.7%。饲料需求增长是拉动大豆、油菜籽进口增长的主要因素，大豆压榨后 80% 是用于饲料的豆粕，菜籽粕也是重要的饲料原料。2014 年食用植物油进口 787.3 万吨，同比减少 14.6%。将增加的进口油籽折合成油，2014 年植物油进口总体保持了稳定。

2014 年中国主要粮食的生产和贸易量如表 1-2 所示。

表 1-2 2014 年中国主要粮食的生产和贸易量

	产量（千吨）	进口量（千吨）	出口量（千吨）	净进口量（千吨）	总供给量（千吨）	自给率（%）
稻谷	177958	3920	510	3410	181368	98.1
玉米	218489	3100	8	3092	221581	98.6
小麦	112522	1900	15	1885	114407	98.4
三大主粮	508969	8920	533	8387	517356	98.4
大豆	13850	75000	180	74820	88670	15.6
三大主粮＋大豆	522819	83920	713	83207	606026	86.3

资料来源：国家统计局和海关总署。

由表 1-2 可见，我国三大主粮自给率达到 98.4%，大豆自给率仅有 15.6%，三大主粮+大豆的综合自给率为 86.3%。

2014 年及之前几年的粮食进口主要

是因为国际市场的粮食品种价格普遍低于国内。我们国内现在粮食需求的多样化日趋明显，不是简单的仅仅满足于口粮，现在工业和其他方面的用粮日益增加。另外，我们国家实施的国家粮食安全新战略已经开始发挥作用。所以，我们国家的粮食安全形势是很好的。

实际上，2013 年我国大米、谷物等已经是净进口状态，大豆等饲料用粮的进口量近年更是逐年攀升。农产品价格内外价差大已经成为近几年导致粮食进口越来越多的最直接因素。一是来自需求变化对总量的要求。二是这两年，特别是 2014 年，全球的资源性物质价格大幅度下跌，粮食类农产品价格也出现了大幅下跌。低价农产品进口越来越多，国内生产由于各方面的物质投入，特别是人工成本，包括土地租地成本，成本越来越往上走。进口农产品价格往下走，中国农产品生产成本往上走，中国农业生产的空间被压缩。

这是从粮食进口量与国内产量来比较的，进口量占国内产量比例不大，但是从国际贸易角度来看，中国粮食安全不能光靠国际市场，进口量过大对粮食安全有很大问题。中国大豆占全球贸易比重达到 80% 左右，全球近 1/3 的高粱被中国买了。如果国内农产品价格一直上涨，必然导致劳动力成本上涨，致使工业品价格上涨，全球竞争力下降。工业品是我国换取外汇的主要渠道，如果工业品出口"出不去"了，我国就没法换取外汇，进而就没有能力去国外买粮，到时候国内农产品价就会大幅上涨。这时候就到了影响国家经济社会安全的严重程度了。

3. 2014 年中国粮食收购量达历史最高

2014 年全国各类粮食企业粮食收购量首次突破 7000 亿斤，总量达 7298 亿斤（同比增加 409 亿斤），占 12142 亿斤产量的 60.1%。其中，最低收购价和政策性临时收储粮食 2478 亿斤，同比增加 814 亿斤。各地落实国家粮食收购政策，通过提价托市、增加收购、优质优价、整晒提等、产后减损等措施，促进种粮农民增收 550 亿元。

2014 年粮食收购有三个特点：一是由于粮食丰收、粮食商品率提高，粮食收购数量增加。二是收购工作扎实、农民售粮踊跃，收购进度较快。三是在粮食市场价格下行压力较大的情况下，为保护种粮农民利益，国家保持政策性粮食收购价格基本稳定，对稳定粮食市场价格起到了积极作用。

2014 年，全国设置了 6000 多个托市收购库点，河南等 6 省、江西等 5 省区、安徽等 10 省、东北 4 省区、湖北等 13 省（区、市）先后启动小麦、早籼稻、中晚稻、玉米和油菜籽托市收购。截至 12 月 20 日，全国中晚稻、玉米、大豆等秋粮收购1728亿斤，同比增加132亿斤。其中，中晚稻、玉米分别收购1004亿斤、700亿斤，同比分别增加99亿斤、41亿斤。

二、2014年农产品电子商务发展促进了粮食交易

1. 粮食流通领域电商模式创新

2014年中华粮网、中国网上粮食市场、中国安徽粮食批发市场交易网、中国谷物网、宁波网上粮食市场、台州网上粮食市场、黑龙江中米网、哈尔滨网上粮食交易市场、我买网、北京买粮网、京粮点到网引起关注。

2014年以中华粮网为代表的电子商务服务平台共举办国家临时存储小麦竞价销售交易会48场，交易总量1368万吨，共成交670万吨，总成交率49%。郑州粮食批发市场积极开发商品粮场际交易新模式，2014年成交粮油100余万吨，成交金额近30亿元；我买网除了粮油、食品、果蔬等农产品外还有许多其他品种，2014年交易额20亿元。

2. 粮油加工领域电商模式创新

北京粮食集团于2011年投资上线的食品类B2C电子商务网站"点到网"，主要产品为米面、粮油、食品、酒饮等，打破以往传统商超模式，2014年加快其发展速度。

金龙鱼进军电商起步晚，不是自建平台，而是采用与1号店、易迅、京东商城等合作的方式，目前在几大电商的粮油份额与实体店份额比较接近。

西安爱菊粮油"电商＋店商"O2O模式启动，2014年9月22日，西安爱菊粮油集团全面启动社区电子商务项目——"电商＋店商"O2O模式，依托西安市700多个连锁网点，按照"预约订货、就近取货、验货付款、买退自由"的原则，消费者可以通过网站、手机、预约和电话订货的方式，任意选择爱菊放心产品，订单下达后，客服中心将根据预定时间分两个时间段安排配送。爱菊集团进入电商，以爱菊系列米、面、油、主食、豆制品作为核心产品，并以全国各地的名牌副食产品作为补充。

恒大粮油自营平台与第三方平台"双运行"。

第一，自营平台。2015年4月15日，恒大粮油产品分别在自营平台恒优米App、恒优米官方商城、京东商城、天猫、我买网五大电商平台实现全面上线，构建起了传统渠道、商超渠道与电子渠道的立体化的恒大粮油销售体系。

第二，依托第三方平台。恒大粮油在第三方电商平台天猫、京东商城、我买网建旗舰店，起到互为补充、最大化整合资源的重要作用。更重要的是，第

三方电商平台的成熟运作模式、丰富"实战"经验，对恒大粮油着力打造的自营电子销售服务平台——"恒优米"能够起到积极的借鉴作用。

2014年苏州粮食批发交易市场"良粮网"上线试运行，盛华宏林粮油批发市场的"盛华宏林购"上线试运行，山西首家杂粮电商平台——"饭中有豆"在忻州市上线。

2014年商务部先后组织两次农产品网上购销对接会，成交额达到110.3亿元。农业部先后组织网上购销对接会，

2014年8月7~8日，中国网上粮食市场早稻交易会在江西省上饶市举行。当日举行两场网上交易，网上共竞价交易成交4.27万吨粮食，成交额1.23亿

元，网下洽谈成交10.45万吨粮食，成交额3亿元。近年来，上饶市与浙江衢州、温州、台州、绍兴4市（县）紧密合作，已成功举办4届早稻网上交易会。2014年的交易会主办方增加到7个，吸引了浙江、广东、黑龙江等9个省、近600名粮食部门的领导和粮食企业的负责人参会。4年来，中国网上粮食市场早稻交易会共网上交易粮食17万吨，金额4.5亿元，参会人数2000余人。

天津粮油商品交易所推出了一种崭新的"OPO"电商模式——"找粮网"。吉林东福米业、梅河大米公司和柳河国信米业等8家企业入驻淘宝"吉林大米馆"。

第二节　2014年我国粮食安全的问题分析

一、我国粮食安全的四个主要问题

（一）粮食价格"天花板"问题

1. 粮食价格"天花板"概念

现在国内粮食的价格比国际市场价要高，接近了"天花板"，这里的"天花板"指的是低关税配额内的进口粮食，关税配额对国内粮食等农业产业是

重要的保护制度。经过多年的最低价格收购和临时收储制度，我国不少粮食农产品价格已经明显高于国际，关税配额已成为保护我国农产品价格的最后屏障。

我们对WTO承诺一些敏感产品的进口是有关税配额的，关税配额内进口的这一部分数量实行低关税，超过了关税配额总量，将实行高关税。比如从东南亚进口籼米，国内的批发市场上大概是

3300~3400 元/吨，如果超过承诺的 266 万吨的进口总量，开始对其实行 60%高关税，3400 元加 60%，差不多是每吨加 2000 元，进口价格就是 5400 元/吨，而国内的价格是 4000 元/吨。

目前我国很多农产品价格高于国外，关税配额在一定程度上提高了进口产品的价格，降低了国际农产品的竞争力，已成为保护我国农产品价格的最后屏障。

2. 全球"两高"、"两低"

所谓全球"两高"、"两低"是指全球粮食产量历史新高、库存量历史新高、消费量增速降低、价格增幅降低。

（1）"两高"：15 年来，全球粮食生产得到较快发展，从 2000 年的 19 亿吨，上升为 2014 年的 25.23 亿吨，增长了 6.23 亿吨。全球粮食储备也随之增加，据统计，2015 年度全球粮食库存达到 6.275 亿吨，同比增长 8.3%，创 15 年来新高，其中玉米增幅最高，其次是小麦，稻米增幅有所降低。较高的库存导致全球粮食价格下降。

（2）"两低"：全球粮食消费增速降低，据联合国粮农组织资料，全球粮食消费增速再创新低。国际市场在 2014 年 8 月至 2015 年 8 月期间（食品价格指数为 155.7 ［2002~2004 年＝100］）下跌了 21.5%，跌至 6 年来最低[1]，受低油价影响，2014 年全球粮食供应充足，2015 年小麦、玉米和稻米丰收，导致国际粮价大幅下跌。

（二）粮食生产成本"地板"问题

随着我国工业化、城镇化、信息化、农业现代化的发展，粮食成本如人工、农机作业、土地流转费用、种子、化肥、农药成本不断上升，导致国内粮食价格高于国际粮食价格，中国粮食的国际市场竞争力下降。

（三）粮食补贴"黄线"问题

中国加入 WTO 时承诺，价格支持与农产品现期产量、面积等挂钩的直接补贴等对贸易有较大扭曲作用的"黄箱补贴[2]"不得超过产值的 8.5%，据统计，中国"三农"财政补贴已经接近这条"黄线"，2013 年中央财政"三农"补贴已经达到 13799 亿元（见图 1-2），2014 年继续高于这一数字。2014 年我国深化农村改革、支持粮食生产、促进农民增收的 50 条政策措施涵盖种粮直补、农机补贴、产粮大县奖励等多项支农惠农政策。仅种粮直补、农机补贴两项，补贴资金已超过 1200 亿元。

---

① 联合国粮农组织. 全球食品价格跌至六年新低［N］. 中国日报网，2015-09-16.
② "黄箱补贴"是指政府对农产品的直接价格干预和补贴，妨碍农产品自由贸易的政策措施，包括对种子、化肥、灌溉等农业投入品的补贴，对农产品营销贷款补贴等。"黄箱补贴"内容包括：第一，农产品价格支持政策。第二，农产品营销贷款政策。第三，按产品种植面积给予的补贴。第四，按照牲畜数量给予的补贴。第五，种子、肥料、灌溉等投入补贴。第六，对农业生产贷款的补贴。通常用综合支持量来衡量"黄箱"政策的大小，发达国家对农业的"黄箱"补贴占农业产值的 5%，发展中国家为 10%，中国为 8.5%。

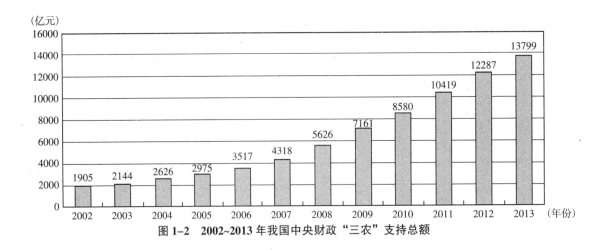

图1-2　2002~2013年我国中央财政"三农"支持总额

（四）粮食生态环境"红灯"问题

过度使用耕地发展粮食生产，带来粮食生态的破坏，如化肥、农药超量使用、资源超载、环境透支，5000多万亩耕地被污染，产出粮食镉金属污染严重超标。

二、我国粮食安全四大负面影响

（一）粮食高进口带来的负面影响分析

2004年以来，我国粮食"十二连增"，同时我国粮食进口在2014年超1亿吨，其中大豆达到7139.9万吨，2015年1~6月，我国进口粮食5144.8万吨（谷物＋大豆）。据海关统计，2014年查证走私大米21.01亿吨。据《中国粮食经济》2015年第8期报道，海关打击走私大米，南宁、昆明、重庆、长沙海关统一开展打击行动，打掉9个团伙、查证涉案走私大米5万余吨、玉米4000吨，全国2015年以来查获大米走私案

件297起，涉案大米8万余吨。

高进口主要原因是国内价格与国际价格倒挂。2015年3月，每吨国产玉米、大米、小麦分别比同品种进口完税价高出810元、900元和700元左右，大豆的价差更高，达1600元/吨。2015年4月8日，"美国2号"黄玉米到中国口岸完税后总成本约为1570元/吨，比临储玉米成交均价低近千元。在巨大差价下，中国进口大增。同时由于农产品国内价格比国际价格高，加工企业更愿意使用进口粮食，导致国内库存不断攀升。

（二）我国粮食出口竞争力下降分析

导致大量粮食进口或者走私进口国内市场，其主要原因是我国国内外粮食价格倒挂，这导致我国粮食出口竞争力下降。

（1）国内农产品生产成本上升导致价格的提高。参照2011年粮食价格，拿2014年最低收购价比较，早籼稻价格提高了32.4%，中晚籼稻价格提高了

29%，粳稻提高了 21.1%，小麦提高了 24.2%。实行临时收储的玉米和大豆，前者提高了 13.1%，后者提高了 20%。

（2）国家政策抬高粮食价格。针对我国高库存带来的供给大于需求，导致粮食价格下跌影响了农民利益，一方面，我国实行了目标价格制度。比如棉花，目前国内价格约为 13600 元/吨，和国际价格相当，政府在棉花产区新疆实行目标价格，即 19800 元/吨，中间差额由政府补贴，新疆以外的地区补贴水平则没有这么高。由此，国内棉花销售价格不断下降，各地棉农愿意少种一些棉花，去生产其他农产品，有利于保证供求平衡。另一方面，我国对一些重要农产品实行关税配额管理制度，关税配额之内进口是低关税，超过配额的实行高关税。

（3）国际市场价格下跌。国际粮食年产量 2013 年、2014 年连续两年超过 25 亿吨，粮食库存超过历史最高水平，导致全球粮食价格下跌。参照 2015 年 6 月的价格，与 2011 年国际粮食价格比较，2011 年是 20 世纪以来玉米价格最高的年份，小麦价格也是处于高位阶段。国际市场大米价格 2015 年 6 月比 2011 年初下跌了 40.4%，小麦价格比 2011 年也跌了 39.3%，玉米价格比 2011 年 5 月下跌了 49.3%，大豆价格比 2012 年 10 月下跌了 39.2%。

（4）人民币兑美元汇率的上升。2014 年，平均汇率是 1 美元兑换 6.14 元。但是，1994 年以前，汇率是 1 美元兑换 8.62 元。总的走向是人民币不断坚挺，相对美元在不断升值。不算其他任何费用，500 美元/吨的大豆，在 1994 年，每进口一吨折合人民币 4000 多元。现在，同样是一吨大豆折合人民币只有 3000 多元。这 1000 多元的价差是汇率变化。

（5）最近两三年全球能源价格的暴跌，导致货物海运价格的明显暴跌。从 2003 年伊拉克战争时期原油价格上升到每桶 150 美元，到最近每桶不足 50 美元，中间 100 美元的差价对运价影响很大。与之对应的是，2005 年 5 月，从美国墨西哥湾新奥尔良运往中国的大豆运费价格一吨是 138 美元，2015 年 5 月一吨运价只有 34 美元。一吨价差超过 100 美元。

（三）粮食高库存带来的问题分析

根据联合国粮农组织的规定，粮食库存与消费量的比例达到 17% 就是安全的，被称为粮食安全系数，低于 14% 则称为粮食安全紧急状态。而我国库存居高不下，主要缘于两个方面的原因：一是连续丰收，二是大量进口（含走私进口）。

2012 年我国秋粮上市以来，由于连续 3 年的供大于求的积累，我国三大主粮库存持续大幅度增加，远远超过合理的粮食库存数量，给国内粮食供求平衡和国家财政支出等多方面带来了很大的负面影响，成为当前我国粮食工作中亟待解决的突出问题。

截至 2015 年 4 月底，政策性粮食收购全部结束后，我国三大主粮仅政策性库存数量就高达 2.43 亿吨左右。预计到 2015 年 9 月底，我国三大主粮政策性库存结转数量仍有 2.06 亿吨左右，约占当年消费量的 40%。高库存带来的不安全因素主要有：

（1）粮食品质下降，损耗严重。由于呼吸作用，粮食在储存期间不仅存在着自然损耗和减量，而且品质、营养和食味也逐年下降，时间长了还会失去食用价值，只能转作饲料或肥料；如果发生虫害，则品质下降和损耗增加将更快。

（2）储存费用增加，国家财政负担加重。粮食储存不仅需要保管费、烘晒整理费、入库出库费等，还占用了大量的资金，需要支付银行利息，平均起来每年要花费 250 元/吨以上。国家粮食库存要由国家财政来承担费用，大量的财政资金用来储存粮食，生产者、消费者和加工企业都未得到好处。

（3）卖方市场压力加大。巨大的粮食库存使国内粮食始终处于供大于求的状态，对未来的粮食市场价格走势产生了较大的压力，虽然有国家托市政策支持，对农民影响不大，但却影响了经营者的积极性和市场调节作用的发挥。

（4）仓容不足矛盾突出，超正常建库将导致大量浪费。由于粮食库存非正常大量增加，原有的粮食储存能力远远不足，国家不得不大规模投资建库。但任何一个国家也不能长期保持这样大量的粮食库存，一旦粮食库存恢复正常，粮食仓容和库容将大量闲置，造成财力、人力和土地的巨大浪费。在 2004 年的粮食去库存后，2005~2011 年的国家粮库大量闲置就是例证。

（5）粮食库存管理难度增加。由于粮食库存增加，国家政策性粮食不得不委托社会企业代储，导致管理难度增加，个别代储企业以陈顶新、以次顶好的情况时有发生。

（四）影响我国粮食可持续发展分析

当前存在的粮食"天花板"问题、粮食成本"地板"问题、粮食补贴"黄线"问题、特别是粮食生态"红线"问题，直接影响到我国粮食生产、流通、消费的可持续发展，特别是粮食生态环保问题，应该引起我们的高度重视。

2004 年至今，我国实现了粮食"十二连增"，粮食安全得到有效保障。但长期以来，我国注重粮食生产，不注重粮食的质量与安全，耕地质量更是整体下降。在生产过程中，工业和生活废水、废气、废渣、固体废弃物等都对水源、空气、耕地造成污染，转嫁于出产的粮食身上。就如近几年湖南土地重金属污染严重，从而出现了"镉大米"等现象，严重危害百姓健康。所以对于粮食质量安全的监督势在必行。

三、我国粮食安全近期值得重视的问题

（一）粮食消费疲软与粮食浪费并存

一方面，近几年来，我国粮食消费相对疲软，2012 年 12 月以来，我国政府反腐倡廉，高档餐饮、高档酒类产品滞销，2013 年、2014 年我国餐饮业营业收入增幅减缓，中断了连续 20 多年的两位数的增长，连续两年分别为 9%、9.79%，直到 2015 年上半年重新复苏达到 13.6%。这直接影响了粮食及其加工品的消费。

另一方面，当前粮食的损耗与浪费情况相当严重。有一些机构专门做过调查和测算，每年在农户储粮、仓储运输和加工这些环节导致的粮食损失浪费就在 700 亿斤以上，接近全年粮食总产量的 6%，另外还有消费环节的粮食浪费现象也很惊人。其中，中国餐饮业每年浪费的粮食能养活 2 亿人口。餐饮业中的浪费现象已经成为粮食节约中的一大短板。2015 年 10 月，4192 公斤的"世界最大份炒饭"在江苏扬州产生，号称打破吉尼斯纪录，但随即爆出炒饭被当

作厨余垃圾送去喂猪。我国粮油霉变污染严重，每年损失逾 3100 万吨。

在粮食加工业也存在过度加工的问题。片面追求"精、细、白"，导致粮食加工环节浪费严重。据测算，我国每年加工环节浪费的粮食在 150 亿斤以上。造成粮食加工环节浪费严重的主要原因是，很多人认为大米、面粉越白越好、越精细越好，粮食加工企业对成品粮过度追求精、细、白，既损失营养又明显降低出品率。例如，在稻谷加工环节，每增加一道抛光，出米率降低 1%，每年损失粮食 70 亿斤以上。在小麦加工环节，损失率约 2%，损失粮食约 50 亿斤。在食用植物油加工环节，由于过度精炼，每年损失 30 亿斤以上。同时出于低水平粗放加工，加工副产物综合利用率较低，米糠等大量副产物未得到高效利用。过度追求粮食的精加工，不仅造成粮食浪费，还损害粮食的营养，加工精度越高，营养流失越多。经过多次抛光的大米表面看起来晶莹剔透，其实除了淀粉，什么营养也没有了。

近年来，粮食工业对粮食消费需求快速增长，这是导致粮食需求快速增长的重要原因。粮食工业主要分为饲料工业、食品工业和化工业，饲料用粮是粮食工业消费粮食的主渠道，约占粮食总消费量的 40%，化工业用粮占比较小。造成粮食工业消费需求快速增长的主要

原因有：一是随着加工技术的提高，粮食资源制品不断丰富，粮食用途不断拓展；二是粮食作为一种可再生资源，成为石化等不可再生资源的替代产品。

在我国主要粮食品种中，玉米被广泛用作饲料加工、食品加工和化工加工的原料，可以深加工出淀粉、糖类、乙醇等近 300 种产品。我国玉米产量大，合理的深加工不会对国家粮食安全造成影响。

随着国内玉米深加工的发展，玉米工业消费需求快速扩张，占玉米总消费量的比例不断提高。2007 年国家发改委发布《关于促进玉米深加工业健康发展的指导意见》，提出深加工业消耗玉米量应控制在 26% 以内，为玉米工业深加工用粮划定了"红线"。国家有关部门加大对玉米深加工产业的调控，对玉米深加工产业采取阶段性限制措施以保证其他玉米需求。

受土地、水资源短缺等刚性约束，我国粮食增产难度加大，粮食供需将长期处于紧平衡。真正做到节约用粮、科学用粮，是保障粮食安全的有效方法。

（二）农地流转过快潜在威胁粮食安全

2014 年快速和大规模的农地流转存在的问题，给未来农业特别是粮食生产稳定带来了潜在危险。据统计，截至 2014 年底，全国家庭承包耕地流转面积为 4.03 亿亩，流转耕地用于种植粮食作物面积为 2.29 亿亩，占流通总面积的 56.8%。

规范有序的土地流转对提高农地利用效率具有重要作用，但由于一些地方急于求成，人为强行推动农地流转，城市工商资本急于在农村"圈地"，这种方式的土地流转给未来农业特别是粮食生产稳定带来了潜在危险。

（三）"走出去"垦田受到国际环境制约

2007~2008 年全球粮价涨至历史性高位时，利用两种资源、两个市场成为共识，"到海外租地种粮"成为一些企业的探索。尽管目前国际市场上的粮价已经回落，但世界范围内的粮食安全问题以及我国的粮食产需缺口都将长期存在。

从资源禀赋的角度看，在我国农地属于稀缺资源，而农业劳动力则有一定程度的富余。而对于一些地广人稀的国家来说，土地则是一种富余资源。例如，巴西共有可耕地面积 2.8 亿公顷，目前已耕种的仅占 1/5 左右，非洲可开发的耕地面积达 8 亿多公顷，实际利用的也只有 1/4。如果到这些国家租地，并派出一定数量的国内劳动力进行农业生产，无疑能实现资源的优化配置。

这些年来，国内许多企业先后开始了相应的探索，1996 年，总部位于新疆的上市公司新天集团在古巴投资 5 万美元，播种了 150 公顷水稻，1998 年新天集团又在墨西哥购置了 1050 公顷土地，累计投资 320 万美元。由于在这些土地上种植的单产远高于当地水平，因而产生了较大的影响。

2007 年中央"一号文件"提出，要加快实施农业"走出去"战略，从部分省区的情况看，各种形式的农业"走出去"项目正在如火如荼地开展。至今，广西先后有 20 多家农业企业到国外投资，投资总额达 5 亿元。2004 年重庆市政府与老挝签订了"中国重庆（老挝）农业综合园区项目"合作协议，园区规划面积 5000 公顷，总投资 498 万美元，还计划输出 1 万名农业劳动力。中粮集团这样的大型企业，也在南美、东南亚等地通过合资或并购的方式，积极地探索海外战略。据不完全统计，目前全国在境外投资、合作的农业龙头企业有 40 多家，投资金额达 153 亿元，投资地区涉及亚洲、非洲、北美洲、欧洲、大洋洲的 30 多个国家和地区。此外还有不少尚未开始海外投资的农业企业也表达了"走出去"的意愿。

从 2010 年开始，重粮集团就开始在巴西大规模买地种植大豆。当时重粮集团是以每平方米不足 3 元的价格，投资 57.5 亿元，购买了 300 多万亩的巴西土地。

虽然价格很便宜，但重粮集团在巴西买到的基本都是未开垦的荒地，前期需要投入的资金量依然巨大。粗略计算，从买地开荒，到建设农场、粮食仓储、港口物流等一系列配套设施，所有项目所需资金累计大约需要投资 170 多亿元，利用 3 年多的时间，才能完成在巴西的整个大豆基地建设规划。

据报道，重粮集团在巴西的这一高额的粮食种植投资计划，由于未获当地政府的批文和环境许可证，已经陷入停顿。这应该引起我们对国外屯田种粮风险的高度重视。

第三节　2015 年我国粮食安全评估的预测

一、2015 年我国粮食安全的分析

1. 2015 年国家政策实施保障粮食安全

2015 年中央"一号文件"《关于加大改革创新力度加快农业现代化建设的若干意见》发布。"一号文件"首当其冲仍是粮食安全，文件针对增强粮食生产能力提出了许多细化要求，包括永久农田划定、高标准农田建设、耕地质量保护与提升以及投融资等。同时也提出，科学确定主要农产品自给水平，合理安排

农业产业发展优先顺序。

2. 2015年国家实施最低收购价政策

为保护农民利益，防止"谷贱伤农"，2015年国家继续在小麦主产区实行最低收购价政策。综合考虑粮食生产成本、市场供求、比较效益、国际市场价格和粮食产业发展等各方面因素，2015年生产的小麦（三等）最低收购价为每50公斤118元，保持2014年不变水平。

3. 2015年1~5月原粮库存增加

截至2015年5月末，全国粮企原粮库存（贸易粮口径，下同）同比增加24%，其中小麦库存同比增19%，稻谷增16%，玉米增36%，大豆减17%。[①]

4. 2015年1~6月粮食进出口

2015年1~6月，谷物共进口1629.3万吨，同比增66.5%，进口额48.0亿美元，同比增52.1%。出口24.3万吨，同比减3.0%，出口额2.0亿美元，同比增8.9%。净进口1605.0万吨，同比增68.3%。大豆进口3515.5万吨，同比增2.8%。

小麦：进口141.4万吨，同比减45.1%。出口6.2万吨，同比减32.8%。

玉米：进口265.1万吨，同比增92.5%。出口0.7万吨，同比增19.8%。

大米：进口142.8万吨，同比增7.5%。出口11.7万吨，同比增45.3%。

大麦：进口536.5万吨，同比增120%。

高粱：进口535.6万吨，同比增160%。

另外，玉米酒糟（DDGs）进口244.2万吨，同比减24.8%。

二、2015年我国粮食安全的分析

2015年各类粮食、食品产量继续增产，农产品生产者价格与消费价格同比下降，2015年粮食总产量约6.21亿吨，增长2.4%。对中国2015~2016年度主要粮食品种产量、消费量、进口量等进行预估，粮食总体为比较安全，但是不安全因素明显增多。

---

① 资料来源：中华粮网，http://www.cngrain.com。

第四节　完善我国粮食安全的政策建议

一、粮食安全生产政策建议

1. 完善补贴制度，通过制度建设提高种粮与收益的相关性

为实现我国粮食安全目标，在坚持"稳量、提质、增效"的基础上，应坚持"两保"、"两个提升"。

"两保"：第一，要保护和调动广大粮农种粮的积极性，使从事粮食生产成为一个受尊重的职业，成为一个能致富的职业。第二，要保护调动好粮食主产区地方政府重农抓粮的积极性。我们将继续加大对13个粮食主产区和一批粮食主产市、县的支持力度。13个主产省（区）的整个粮食产量占到全国的75%，商品量占到全国的80%，调出量占到90%，把这些主产区抓好了，我国的粮食安全就有了坚实的保证。

"两个提升"：第一，藏粮于地。要提升粮食基础保障的能力，变"藏粮于库"为"藏粮于地"。基础保障能力关键要落在切实守好耕地红线上，要把现在正在实施的永久基本农田规划好、落实好，要建设一批旱涝保收的高标准农

田。第二，藏粮于技。要提升科技的支撑能力，加快现代种业发展，进一步推动农业科技推广运用。

2013年中央财政用于"三农"的支出安排合计13799亿元，增长11.4%，2014年投资超过13700亿元，应提高中央财政支出使用的质量和效率。

（1）补贴应与粮食产量挂钩。如果一亩地的国家种粮补贴能够提高到80元，那将大大拓展愿意从事粮食生产的农户的外延边界，有80%农户种粮的积极性会提高，其中30%拥有较强能力或技术的农户有较强种粮意愿，如若能够获得更多的土地经营权，他们将进一步扩大粮食生产的范围。

（2）补贴力度应有利于吸引农村青壮年劳动力回流。由于在补贴的同时，农资化肥价格猛涨等情况并没有改变，现行粮食补贴政策在操作中的弊端逐年凸显，这在很大程度上影响了补贴政策的激励效应。

（3）补贴应考虑保护耕地和保证粮食产量：一方面，延承并改进现有的补贴机制，按耕地承包面积下发补贴，这是补贴的基础部分；另一方面，鼓励农

民多生产粮食，与农民是否种粮，种了多少粮联系起来，补贴的数额按照农民交粮数目确定，开发计算机软件进行精确核算，减少中间环节，以"一卡通"形式直接发放到农民手中。

（4）补贴应该注意激励南方北方标准差异问题。在南方湖南、江西等水稻主产区，一年可以种植两季甚至三季。如果补贴没有根据种植季数按比例发放，没有拉开"双季"、"三季"与单季的补贴差距，就将破坏农民的种粮积极性，出现"双改单"、"三改单"之类现象。南方稻区双季稻、三季稻的补贴至少应比单季稻高出 50%~150%，这样才能发挥政策的导向作用。

2. "退耕还林"实施中应重点考察土地性质，把握合理的还林幅度

自 1999 年以来，16 年退耕还林工程增加国土绿化面积，减轻了水土流失和风沙危害强度，退耕还林政策对农户的直接补贴深得还林农户的拥护，粮食和生活费补助已成为退耕农户收入的重要组成部分。

然而，退耕还林制度在土地用途上与确保粮食安全的政策直接矛盾。我们认为，退耕还林的政策本身没有问题，但与以往实施情况相比，我们应该在还林的土地性质、退还的力度、幅度等方面作出调整。

退耕还林是指退还水土流失严重或粮食产量低而不稳定的坡耕地和沙化耕地，以及生态地位重要的耕地，用以植树或种草，推进生态环境建设。国家实行退耕还林资金和粮食补贴制度，国家按照核定的退耕地还林面积，在一定期限内无偿向退耕还林者提供适当的补助粮食、种苗造林费和现金补助。因此，我们应当根据土地性质和用途判断是否以及在多大程度上实施退耕还林政策，而不是直接怀疑乃至否定政策本身。

二、粮食消费安全政策建议

1. 采取灵活的粮食进出口政策

由于我国粮食不同品种的供求状况不同，不同粮食的消费保障水平不一样。对于供过于求，粮食消费保障水平较高的品种，可以适当出口。

（1）适当引导国内市场价格的恢复性上涨和适度涨价，不仅是长期建设和保障我国粮食生产能力的根本出路，也是解决粮农收入低下、长期增长缓慢的实际需要。

（2）适当的进出口贸易、灵活的粮食进出口价格联动，有利于获得最大化的国际贸易收益，也有利于平抑国际市场粮食价格投机，对保障国际粮食安全起到应有的作用。在出口创汇的同时，树立有责任的大国形象，提升我国的国际地位。同时，也可以防止国际市场上

粮食价格的大起大落，间接影响未来长期的国内粮食安全。

（3）可以起到减少陈粮库存和财政支出的作用。截至2007年底，粮食库存超过年消费量的40%，特别是稻米将近90%用于口粮消费，库存过高，必然带来大量的陈粮和库存费用，造成资源浪费。同时，由于我国实行粮食保护价收购政策，如果销价低于购价，必然大量占用政策性资金，导致财政补贴增加，加重粮食主产区财政性支出的负担。

2. 促进粮食加工产业的科技创新

无论是国内还是国外，如果没有政府的大量补贴，企业都在亏损。对发展粮食燃料的替代效应也要理性分析。据测算，美国的谷物产量只能供应其运输所需燃料的3.7%，即便利用美国全部的3亿公顷耕地生产谷物乙醇，也只能满足其15%的需求。如技术上不取得实质性的突破，那种以牺牲粮食安全为代价、短期内以粮食燃料来摆脱石油依赖的愿望，不仅过于理想化，而且得不偿失。

我国人多地少，水资源匮乏，以粮食作物来发展生物燃料在短期内很难实现，从长期来看也不利于保障我国的粮食安全，因此要大力发展以非粮作物为原料的生物燃料。如美国韦伦纽姆公司找到的一种非食用性有机原料，将其转化为纤维素乙醇，从而避免大量侵占农用耕地，种植甘蔗、玉米等提炼乙醇所需的植物原料，解决生物燃料与粮食之间的土地之争。

目前仍使用蒸馏法提炼乙醇燃料，成本比较高，且每年的产量只能达到530万升。科学家指出，由于目前用非农作物转化生物燃料的技术不成熟，农作物仍是生产生物燃料的主要原料。如果能研发出更新的技术，把自然界丰富且不能食用的"废物"纤维素，包括秸秆、树枝和林业边角余料等转化为乙醇，那么将为世界生物燃料业的发展找到一条可行的道路。目前，很多国家和许多大型能源公司都在竞相探索将纤维素转化为乙醇的技术。

用粮食做能源是集中绝大多数人的利益转移给少数人。在没有保障绝大多数人基本的粮食、饲料消费需求的前提下，而把粮食用于燃料用途之上，不具有经济长久发展的客观依据。

3. 倡导和普及粮食健康营养消费

全面普及食物营养知识，引导居民科学消费。开展多种形式、多种类型的食物营养培训、教育工作，加强对中小学生和家长的营养教育，把营养健康教育纳入中小学教育内容。开展营养公益性宣传，充分发挥各种新闻媒体的作用，进行广泛的营养教育宣传，引导我们国家居民的食物消费方向，提高全民科学、合理膳食的自觉性。在城市普及营养基本知识，在农村减少营养盲。同时制定全国不同地区的营养摄入指南，并定期针对食物消费的升级而修订营养指南内容。

三、粮食安全物流政策建议

1. 以合理的物流成本保障粮食安全

2014年我国粮食产量为6.07亿吨，商品粮为3.98亿吨，其中跨省际粮食物流量达到1.65亿吨，据调研，实际跨省际粮食物流超过这一数据。粮食物流安全的投入是国家财政必须保证的一项基本支出，但超过一定安全基础的投入会产生很不经济的现象，如浪费性的库存、过剩性损失、财政的多支、环境的恶化与腐败的加重等。因此，在国家、地方与企业资源一定的情况下，应努力保证粮食安全所需要的投入，但与此同时，又要防止不合理、不经济的投入。

从物流成本角度考虑，大力发展散粮运输效益最高。在粮食物流发展初期，重点应放在大力开展散装运输，实现粮食流通"四散"作业，投资建设的重点应是收储企业的四散设施，如散装汽车、散粮接收设施、配套设备、汽车衡、库区道路等，使收储企业基本具备散粮作业条件。尤其散粮配套设备的紧缺，已经制约了包括散装汽车、火车的使用。继续加大政府这方面的资金投入，加大政策引导力度，仍是现阶段促进粮食物流发展的关键。

2. 强化政府对粮食物流的宏观调控职能

必要的宏观调控手段是实现粮食物流科学化的保证。其中主要措施有：

首先，成立粮食物流调控机构，统一协调政策性和经营性两部分粮食物流的组织和运行。

其次，规划和协调分品种的粮食流向及粮食仓、厂、站、点的布局，并负责协调和参与论证粮食库、厂建设规模和建设类型，从源头上为粮食物流的科学合理创造条件。

再次，制定相应的政策、法规来约束粮食物流组织者、参与者的行为，规范和监督粮食商品流通过程，协调和处理所发生的粮食物流纠纷。然后，为粮食物流提供信息服务和政策指导。

最后，理顺粮食物流体制，在全社会范围内经济合理地进行粮食物流的整体统筹，制定发展粮食物流的长远规划，使粮食物流工作纳入整个社会物流的范畴。

3. 促进产区和销区对接，缓解旺季运输矛盾

（1）销区在产区异地存粮。近年来，黑龙江、吉林、河南等主产区与浙江、福建、北京等主销区在省市间粮食购销合作中，逐步探索出一个有效模式：即

在粮食运输旺季，销区在产区异地储存粮源，待运输淡季再组织发运，以实现均衡运输。例如，从 2005 年开始，北京委托河南省粮食部门为其代储 6 万吨地方储备小麦，粮库所在的豫北地区距离北京较近，交通便利，这一做法使得两地达到了双赢。一方面，在产区存粮可以就地收储粮食、就地轮换，比在北京轮换要及时和方便得多，达到了安全存粮的目的，而且北京粮食部门由此可以大大降低存储费用；另一方面，代储粮库为保证粮源向当地农户大规模收购粮食，也解决了河南部分农户卖粮难的问题。

（2）建立物流企业与粮食加工企业的战略联盟。物流企业与粮食加工企业在共赢的基础上建立战略联盟，解决产销衔接难问题。大连市不少从事粮食贸易与运输的企业直接在吉林租赁粮库，把企业库房挪到了产地源头。

四、粮食安全进出口政策建议

"坚持立足于基本靠国内保障粮食供给"和"利用两种资源"的方针，从以下五方面对粮食进出口进行调控。

1. 建立国际粮情数据库

必须密切跟踪国际粮食市场动向，建立专门的数据系统对粮食行情信息进行收集整理，加强对其的评估与预测，

为能够有效地利用国际市场调剂余缺奠定基础。同时还应加强对粮食进出口的监测，加快建立粮食预警监测体系。

2. 加强国际粮食合作

（1）加强在粮食问题上多方面的、多层次的国际合作。不仅要有效利用地区性粮食合作机制，如进一步推进亚太经合组织内部的粮食合作，还要加强各方在政策协调、信息交流、人员培训和科研开发等方面的沟通合作。

在生产领域，在立足国内的前提下，可以尝试在一些国家和地区建立部分品种的海外生产基地，与当地政府合作，有效利用当地的劳动力、耕地等资源，发挥各自的比较优势，实现共赢，这需要与相关外交政策一起使用才能促成。

（2）积极利用国际市场调剂余缺。在保障国内粮食基本自给的前提下，合理利用国际市场进行进出口调剂。继续发挥国有贸易企业在粮食进出口中的作用。加强政府间合作，与部分重要产粮国建立长期、稳定的农业（粮油）合作关系。实施农业"走出去"战略，鼓励国内企业"走出去"，建立稳定可靠的进口粮源保障体系，提高保障国内粮食安全的能力。

3. 确立分品种的自给率目标

除大豆以外，我国大米、小麦、玉米等粮食品种基本能够实现自给，其自给率可以设定在 90%~95%，像大米和

玉米完全可以定在 98% 的自给率目标。而我国大豆的自给程度偏低，仍需大量进口以满足国内需要，2014 年我国大豆的自给率已降为 15.6%，未来大豆自给率目标在 30% 为宜。分地区看，对于我国粮食主销区要稳定现有粮食自给率，而粮食的产销平衡区要争取在确保本地区粮食产需基本平衡的基础上，实现粮食生产能力的提高。

4. 加强与交通运输部门的政策协调

国家发改委可联合交通部就粮食进出口调控进行部署，主要是在各口岸对我国局部地区出现粮食短缺的现象进行及时的进出口调节，这需要与运输部门就具体情况进行磋商。因为目前处于扩大内需过程中，运输部门的很多资源都是为保增长这一总目标服务的，而粮食的进出口对于总量及品种的调节是处于动态平衡之中的，如以前出现过的局部地区粮食危机就是由于运力不够造成的。在保证国民经济持续稳定发展，又要实现增长的目标的要求下，建议国家发改委与交通部联合出台相关政策，解决进出口粮食"运得到"的问题。

5. 鼓励部分粮食品种加大出口力度

国家出台了自 2009 年 7 月 1 日起取消小麦、大米等粮食产品关税的政策，旨在鼓励粮食出口。在鼓励出口方面，这一政策应坚持推行下去，从某种程度上可以增加粮食出口创汇，大豆这类粮食品种我国仍需从国外进口，这对我国的外汇储备能力提出了一定要求。虽然我国当前的外汇储备数量是有优势的，但仍面临美元汇率波动的风险，而近期我国一些大型工业企业在国际市场上展开了对外国资源企业的收购，因而，放开像小麦、大米等品种的出口是有利于整个国民经济的协调发展的，也为一定程度的粮食进口所需外汇奠定了基础。

五、粮食安全的财政保障政策

1. 整合财政支农资金，适时适当地调整支农政策的目标和方式

提高粮食综合生产能力的核心是要重视和加强粮食基础设施建设的投入。近年来，中央财政对农业生产基础设施建设、农业综合开发、小型农田水利基础设施建设等方面投入渠道很多，支持力度在逐年加大，粮食综合生产能力也得到有效提高。但政策目标不很明确，资金比较分散，使用效益较低，影响了综合生产能力的持续提高。今后应在继续加大对粮食综合生产能力投入的同时，重点完善财政政策目标，健全运作机制。

（1）加大各种支农资金的整合力度，集中资金重点投入，提高资金效益，从根本上扭转粮食靠天吃饭的局面。

（2）改变投入方式，积极引入市场

机制，采取政府直接投资、政府引导和民办公助、以奖代补等多种方式，政府和社会共同参与、共同投资、不断提高粮食综合生产能力。

2. 加大财政投入，支持农村基础设施建设

（1）树立农业基础设施建设先行的意识。政府在制定相关农业发展政策时，要充分认识到农业基础设施的重要性。同时，要加大对农民的宣传教育，提高农民保护现有农业基础设施和进一步建设农业基础设施的意识。

（2）加大农业基础设施的投资。农业基础设施建设的主要资金来自于国家和地方政府投资，但在政府财力有限和市场经济条件下，在投资方式上，要改变过去由政府、村集体大包大揽的做法。创新机制，充分发挥政策引导和市场机制"两只手"的作用，以优惠的政策吸引个人、集体、外资等各类经济主体投资农业基础设施建设。同时，还要明确社会各种利益主体在农业基础设施建设中应承担的责任和应负担的义务；要划分中央政府、地方政府、农村社区、乡村集体和农民个人的投资责任和投资范围，保证农业基础设施投资的到位与落实。

（3）在提供农业基础设施、农业科研、信息与教育等农村公共品环境的基础上，充分利用宏观调控政策手段积极引导和推动粮食生产结构、产品结构、生产区域结构和生态环境的调整和优化，在发挥市场机制对农业资源初次分配的过程中，政府对市场失灵的地方施以适当的干预和补充，并对农业施以适度的政策保护。

六、进一步完善粮食目标价格制度

2014 年我国大豆的目标价格制度试点不成功，合理的粮食最低收购价格应符合以下六种标准：

一是市场供求标准。粮食最低收购价格应充分反映较长时期内粮食的供求关系，形成较长期的均衡价格，以引导农民的粮食生产活动。

二是生产成本标准。粮食最低收购价格水平应足以弥补其生产成本，否则会"谷贱伤农"，挫伤种粮者的积极性，使生产者将人力、物力向其他方向转移，粮食生产就不可能持续发展。

三是平均利润率标准。粮食最低收购价格应保证从事粮食生产所获得的利润率与从事非农业生产的利润率不能相差太大，最起码在整个种植业内，农民种粮收入与种植其他经济作物的收入是接近的。只有这样才能保护农民的种粮积极性，促进粮食生产持续发展。

四是承受能力标准。粮食属于生存必需品，其价格应当使消费者买得起，尤其是低收入阶层买得起,这是合理制定粮食最低收购价格的前提。

五是国家财政负担能力标准。粮食最低收购价格政策的实施,特别是在市场粮食价格低于最低收购价格时,由政府委托的国有粮食购销企业入市收储,势必增加国家财政负担。因此,制定粮食最低收购价格必须充分考虑国家财政负担能力,否则不是国家财政力不负重,就是杯水车薪,均难以实现对粮食生产的支持和保护作用。

六是国际粮价标准。在经济全球化条件下,国际国内粮价关系越来越密切,如果国内粮食最低收购价格脱离国际市场粮价,势必使国外优质价低粮食对国内市场形成冲击,因而在制定国内粮食最低收购价格时,必须以国际市场粮食价格为标准,保持两者合理的价格关系。

参考文献

[1] 2015 年下半年粮食市场展望 [EB/OL]. 中华粮网,http://www.cngrain.com.

[2] 今年中央财政三农支出安排合计 13799 亿元 [EB/OL]. 腾讯财经,http://finance.qq.com/a/20130308/007188.htm.

[3] 洪涛,张传林. 2014~2015 年中国农产品电子商务发展报告 [N]. 中国食品报,2015-04-22.

第二章 2014~2015 年我国稻谷安全现状分析

第一节 稻谷供需安全总体性评估

2014 年我国稻谷生产形势比较乐观，受天气配合及播种面积略增影响，我国稻谷产量与 2013 年相比略有增加，其中粳稻及中晚籼稻增产比较明显。早籼稻产量略有减少。全国粳稻、中晚籼稻由于播种面积的增加，加上生长期间雨水充沛、光照适宜等条件的有力配合，2014 年全国中晚稻产量增加，其中东北粳稻产量增幅较大。

国家统计局《2014 年国民经济和社会发展统计公报》显示，2014 年我国粮食种植面积 11274 万公顷，比上年增加 78 万公顷。全年粮食产量 60710 万吨，比上年增加 516 万吨，增产 0.9%。其中，早稻产量 3401 万吨，减产 0.4%；秋粮产量 43649 万吨，增产 0.1%。全年谷物产量 55727 万吨，比上年增产

0.8%。其中，稻谷产量 20643 万吨，增产 1.4%，实现产量"十一连增"，如图 2-1 所示。

据国家粮食局数据，在 2013/2014 年度的收购期中，截至 2014 年 2 月 28 日，国家累计在主产区收购粳稻 3220 万吨，中晚籼稻 2973 万吨，分别较上一年度同期增加 855 万吨和 903 万吨。

在 2014/2015 年度的收购期中，截至 2014 年 12 月 31 日，累计在主产区收购粳稻 3096 万吨，中晚籼稻 2538 万吨，分别较上一年度同期增加 623 万吨和减少 195 万吨。

2014 年受稻谷最低收购价继续提高及物价水平整体略涨支撑，稻米价格总体高于 2013 年水平，但受宏观经济增速缓慢、市场供需宽松及低价进口米冲

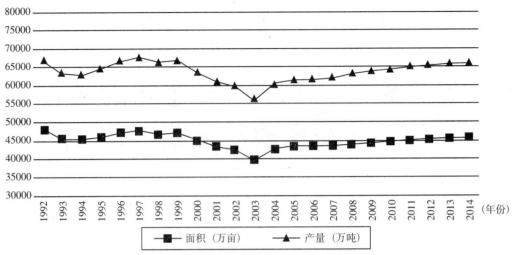

图 2-1　1992~2014 年我国稻谷种植面积与产量的历史变化

资料来源：根据国家统计年鉴相关资料整理。

击的影响，稻米价格涨幅有限。

从全年价格走势来看，大体表现为1~8月平稳趋强运行，政策性拍卖主导市场；9~10月高位震荡回落，市场供需较为宽松；11~12月高位坚挺上扬，托市收购强力支撑。

分季度来看，第一季度，国内稻米市场总体上呈"先抑后扬"态势。第二季度，中晚稻和早籼稻价格走势相背离。中晚稻行情总体呈"波动向上"态势，而早籼稻则呈"震荡下行"态势。第三季度，新季早籼稻上市，并在启动托市收购后快速提升至托市收购价2700元/吨附近。但收购期结束后，早籼稻市场需求不振，价格稳中回落。第四季度，早籼稻规模性收购结束，市场流通相对较紧，但由于需求持续低迷，早籼稻市场价格在2620~2660元/吨弱势震荡。

据中华粮网监测，截至2014年12月底，全国主要粮油批发市场二等粳稻交易均价3070元/吨，比上月同期涨56元/吨，比上年同期涨133元/吨；标一东北米平均价4610元/吨，比上月同期涨110元/吨，比上年同期涨10元/吨；三等晚籼稻全国均价2765元/吨，比上月同期涨13元/吨，比上年同期涨127元/吨；标一晚籼米全国均价4116元/吨，比上月同期跌16元/吨，比上年同期涨72元/吨；三等早籼稻全国均价2625元/吨，比上月同期跌27元/吨，比上年同期涨69元/吨；标一早籼米全国均价3828元/吨，比上月同期跌8元/吨，比上年同期跌1元/吨。

中华粮网监测数据显示，2014年12月，中储粮全国稻谷收购价格指数为151.40，较上月同期涨0.13%；其中早籼稻收购价格指数为144.69，较上月同期跌0.05%；中晚籼稻收购价格指数为 142.56，较上月同期涨 0.32%；粳稻收购价格指数为 164.24，较上月同期涨 0.02%。

从 2014 全年的稻谷生产情况看，稻谷产量持续高位增加，国家库存较多，加之大量低价进口大米的涌入，我国稻米市场供给比较充足。2014 年稻米消费基本稳定，国内市场供需十分宽松，稻米价格全年波动幅度较小。

从稻谷供需平衡来看，中华粮网稻谷供需平衡数据显示，2014 年我国稻谷总供给量约 4190 亿斤，总需求量约 3929 亿斤，年度结余 261 亿斤，分别比 2012 年、2013 年增加节余 26 亿斤及 21 亿斤，如表 2-1 所示。

表 2-1 2012~2014 年稻谷供需平衡对比情况

单位：亿斤

年份	本年供给			本年需求							本年结余
	总供给量	产量	进口	总需求量	国内消费量					出口	
						口粮	饲料用粮	工业用粮	其他		
2014	4190	4100	90	3929	3919	3240	331	262	86	10	261
2013	4168	4061.5	106.5	3928	3918	3238	335	260	85	10	240
2012	4183	4086	97	3948	3941	3236	340	276	89	7	235

资料来源：中华粮网，2015。

就单品种的稻谷安全而言，作为中国粮食安全评估课题研究的重要组成部分，我们率先提出了"稻谷安全参数"、"稻谷区域平衡安全参数"、"稻米进口安全参数"、"稻米进口来源国占比参数"等概念，并设立"安全、比较安全、不安全、危机"等档次指标，不仅填补了相关领域空白，而且可为研究其他单品种的粮食安全提供参考。

综合多方面因素，我们将稻谷安全参数（稻谷总供给量与总需求量之比）定义如下：

1.05 < 安全 ≤ 1.10

1.00 < 比较安全 ≤ 1.05

0.95 < 不安全 ≤ 1.00

0.90 < 危机 ≤ 0.95

2014 年我国稻谷安全参数 = 2014 年我国稻谷总供给量/2014 年我国稻谷总需求量 = 4190/3929 = 1.07

计算得出，2014 年我国稻谷安全参数为 1.07。总体评估认为，2014 年我国稻谷供需状况总体属于安全级。

但是，随着社会经济的发展及居民稻米消费结构的变化，我国稻谷的生产和消费在品种结构、区域供求、国际国内两个市场的利用等方面，还存在一定的矛盾，表现出一定的不安全现象。

第二节　我国稻谷产量区域平衡性安全评估

我国地域辽阔，气候多样，稻谷种植地理分布特征明显。籼稻主要集中于我国华南热带和淮河以南亚热带的开阔地区。籼稻具有耐热，耐强光的习性，一般为细长粒形，米质黏性较弱。粳稻分布范围广泛，从南方的高寒山区，云贵高原到秦岭，淮河以北的广大地区均有栽培。粳稻具有耐寒，耐弱光的习性，粒形短圆，米质黏性较强。

2014 年我国稻谷种植面积 45463.8 万亩，较 2010 年增长 653.7 万亩，增幅 1.46%；稻谷总产量为 20642.7 万吨，较 2010 年增长 1066.6 万吨，增幅达 5.45%。

其中，2014 年粳稻种植面积为 13385 万亩，占稻谷总面积的 29.44%，粳稻产量为 7020 万吨，占稻谷总产量的 34.01%；2014 年籼稻种植面积为 32078.8 万亩，占稻谷总面积的 70.56%，籼稻产量为 13622.7 万吨，占稻谷总产量的 65.99%。如表 2-2 所示。

表 2-2　2010~2014 年我国稻谷种植面积与产量

年份	稻谷			粳稻			籼稻		
	面积（万亩）	产量（万吨）	单产（公斤）	面积（万亩）	产量（万吨）	单产（公斤）	面积（万亩）	产量（万吨）	单产（公斤）
2010	44810.10	19576.10	436.87	11928	6040	506.37	32882.10	13536.10	411.66
2011	45085.56	20100.09	445.82	12600	6640	526.98	32485.56	13460.09	414.34
2012	45205.67	20423.59	451.79	13214	6825	516.50	31991.67	13598.59	425.07
2013	45467.63	20361.22	447.82	13300	6820	512.78	32167.63	13541.22	420.96
2014	45463.80	20642.70	454.05	13385	7020	524.47	32078.80	13622.70	424.66

资料来源：根据国家统计年鉴相关资料整理。

2014 年我国稻米需求保持基本稳定。国内稻谷总消费量约 3919 亿斤，同比增 1 亿斤。其中，口粮消费约 3240 亿斤，同比增 2 亿斤；饲料用粮约 331 亿斤，同比减 4 亿斤；工业用粮约 262 亿斤，同比增 2 亿斤。据调研了解，随着人们生活水平的不断提高，早籼稻及陈稻谷作为口粮消费的比重呈现下降趋势。2014 年我国稻谷总供给量约 4190 亿斤，总需求量约 3929 亿斤，年度结余 261 亿斤，市场供需保持宽松格局。

然而，由于我国稻谷主产区与主销区不一致，加上人口众多，居民主食消费习惯不一,导致稻米生产者与消费者所在区域不同步,当前我国稻米区域性供求存在不平衡的矛盾。

据国家统计局数据,2014年我国黑龙江、辽宁、吉林、江苏、安徽、江西、河南、湖北、湖南、四川、广西、云南、贵州13个稻谷主产区合计稻谷产量17560.9万吨,其中黑龙江、江苏、安徽、江西、湖南、湖北、四川、广西8个主产区合计产量14818.8万吨,占84.39%。如表2-3所示。

表2-3 2004~2014年我国主产区稻谷产量

单位:万吨

年份	2004	2005	2006	2007	2008	2009	2010	2011	2012	2013	2014
黑龙江	1130.0	1121.5	1360.0	1417.9	1518.0	1574.5	1843.9	2062.1	2171.2	2220.6	2450.0
辽宁	401.5	416.5	427.6	505.0	505.6	506.0	457.6	505.1	507.8	506.9	451.5
吉林	437.6	473.3	493.0	500.0	579.0	505.0	568.5	623.5	532.0	563.3	587.6
江苏	1673.2	1706.7	1792.7	1761.1	1771.9	1802.9	1807.9	1864.2	1900.1	1922.3	1912.0
安徽	1292.1	1250.8	1307.0	1356.4	1383.5	1405.6	1383.4	1387.1	1393.5	1362.3	1380.5
江西	1579.4	1667.2	1766.9	1806.4	1862.1	1905.9	1858.3	1950.1	1976.0	2004.0	2020.2
河南	358.2	359.8	404.6	436.5	443.1	451.0	471.2	474.5	492.6	485.8	431.0
湖北	1501.7	1535.3	1437.9	1485.9	1533.7	1591.9	1557.8	1616.9	1651.4	1676.6	1729.5
湖南	2285.5	2296.2	2319.7	2425.7	2528.0	2578.6	2506.0	2575.4	2631.6	2561.5	2634.0
四川	1519.7	1505.7	1335.9	1419.7	1497.6	1520.2	1512.1	1527.1	1536.1	1549.5	1526.5
广西	1123.0	1169.1	1162.6	1112.5	1107.6	1145.9	1121.3	1084.1	1142.0	1156.2	1166.1
云南	639.4	646.3	651.2	589.7	621.0	636.2	616.6	668.7	644.6	667.9	868.8
贵州	477.0	472.8	447.2	449.8	461.1	453.2	445.7	303.9	402.4	361.3	403.2

资料来源:根据国家统计年鉴相关资料整理。

黑龙江、吉林、辽宁三省合计产量3489.1万吨,占13个主产区稻谷总产量的19.87%。其他南方诸主产区稻谷总产量为14071.8万吨。

中国统计年鉴数据,2013年末东北三省辽宁、吉林省、黑龙江省合计10976万人,南方江苏、浙江、上海、安徽、湖北、湖南、江西、贵州、云南、广西、福建、四川、重庆、海南、广东15省(市、区)78192万人。如表2-4所示。

表2-4 2013年末有关省份(市、区)人口统计

单位:万人

省份(市、区)	人口数	合 计
辽宁省	4390	
吉林省	2751	10976
黑龙江省	3835	

省份（市、区）	人口数	合 计
江苏省	7939	
浙江省	5498	
上海市	2415	
安徽省	6030	
湖北省	5799	
湖南省	6691	
江西省	4522	
贵州省	3502	78192
云南省	4687	
广西壮族自治区	4719	
福建省	3774	
四川省	8107	
重庆市	2970	
海南省	895	
广东省	10644	

资料来源：根据国家统计年鉴相关资料整理。

东北三省及江苏、浙江、上海、安徽、湖北、湖南、江西、贵州、云南、广西、福建、四川、重庆、海南、广东南方15省（包括直辖市、自治区，下同）这两大地区均以大米为主食。

按人均每天消费大米200克计算，这两大地区年均消费大米分别为801.25万吨、5708.02万吨。按65%出米率折算稻谷，分别为1232.69万吨、8781.56万吨，分别占13个稻谷主产省稻谷总产量的8.16%、58.11%。

综合多方面因素，我们将稻谷区域平衡安全参数（稻谷总生产量与总消费量之比）定义如下：

2.0 < 过剩危机

1.5 < 安全 ≤ 2.0

1.00 < 比较安全 ≤ 1.5

0.90 < 不安全 ≤ 1.00

短缺危机 ≤ 0.90

东北三省稻谷区域平衡安全参数 = 3488.50/1232.69 = 2.83

南方15省稻谷区域平衡安全参数 = 11622.47/8781.56 = 1.32

从以上计算结果可以看出，南方15省稻谷区域平衡安全状况属于"比较安全"。东北三省稻谷区域平衡安全状况已经超过"安全"级别，属于"过剩危机"。表示该地区的稻谷生产严重过剩，必须通过北粮南运等超常规手段，大规模运输到异地进行消化。否则，将导致东北地区的稻谷生产出现"过剩危机"：因储藏原因导致损耗、因供过于求价格下降、因收益下降影响农民种粮积极性等。

近年来，国家通过出台北粮南运政策、加大仓容建设力度等措施，为防止东北三省稻谷生产可能发生的"过剩危机"发挥了积极作用。

为缓解东北地区粮食收储压力，国家出台《采购东北地区 2013 年新产粳稻和玉米费用补贴管理办法》，相关省份符合规定的企业和中央直属粮食企业采购东北地区新产粳稻（米）、玉米，并运回所在省份，给予 140 元/吨费用补贴的政策。根据规定，关内企业采购的东北粳稻必须在 2014 年 5 月 31 日前运抵本省。统计显示，政策实施期间内发运粳稻数量为 223 万吨，粳米为 418 万吨。

参照我国粮食安全总体评估的级别，划分"安全、比较安全、不安全、危机"四个档次，我们将 2014 年我国稻谷区域平衡安全状况总体评估为"比较安全"级别。

值得指出的是，南方 15 个以大米为主食的省、市、区中，广东、福建、上海不在我国 13 个稻谷主产省之列，我们初步评估这三省的稻谷区域平衡安全状况为"不安全"或稻谷"短缺危机"。

以广东省为例，据广东省农业部门统计，2014 年广东粮食产量 1357 万吨，增长 3.1%。稻谷产量 1092 万吨，增长 4.5%。其中早稻产量 523 万吨，增长 0.4%，亩产 390 公斤，提高 7 公斤；晚稻产量 568 万吨，增长 8.5%，亩产 379 斤，提高 31 公斤。预计"十二五"末广东省粮食需求总量将达到 4300 万吨，产需缺口 3000 万吨，其中口粮 90% 以上为大米。

区域之间产量不平衡，导致稻谷市场宏观调控、物流运输、居民需求三个要素之间存在矛盾，必须给予充分重视，并积极进行解决。

本节评估仅针对稻谷单品种而言，相关省市区居民的食物来源还包括面粉、玉米、马铃薯、杂粮、饼干、水果、肉食等，这些食物均能有效补充营养。所以，就"食物"或者"大粮食"概念而言，相关地区的粮食或者食物消费是有保障的。

第三节　我国稻米品种安全评估

近年来，我国粮食净调出省份（区）减少到 5 个，分别为黑龙江、吉林、内蒙古、安徽、江西。其中东北地区占 3 个。随着国家加大对东北地区粮食生产的投入，东北粳稻产量连年提高。

2014 年我国稻谷总供给量为 4190 亿

斤，其中产量 4100 亿斤，进口 90 亿斤。其中早籼稻产量 660 亿斤，中晚籼稻产量 2045 亿斤，粳稻产量 1395 亿斤。年度节余分别为 261 亿斤、38 亿斤、98 亿斤、125 亿斤。

由于稻谷品种的不同，我国稻谷主产区分为以湖南、湖北、江西、安徽、四川、广西、广东七省为代表的籼稻主产区，和以黑龙江、辽宁、吉林、江苏四省为代表的粳稻主产区。

我国七大籼稻主产区 2014 年籼稻产量合计 11548.8 万吨，占全国籼稻总产量的 84.78%。其中湖南、江西、湖北籼稻产量位居前三，分别为 2634 万吨、2020.17 万吨、1729.5 万吨，合计籼稻产量占全国籼稻总产量的 46.86%。如表 2-5 所示。

表 2-5 2010~2014 年我国籼稻主产区产量

单位：万吨

年份	籼稻主产区							合计产量	籼稻总产量	占比（%）
	安徽	江西	湖北	湖南	四川	广东	广西			
2010	1383.4	1858.3	1557.8	2506.0	1512.1	1060.6	1121.3	10999.5	13536.1	81.26
2011	1387.1	1950.1	1616.9	2575.4	1527.1	1096.9	1084.1	11237.6	13460.1	83.49
2012	1393.5	1976.0	1651.4	2631.6	1536.1	1126.6	1142	11457.2	13598.6	84.25
2013	1362.3	2004.0	1676.6	2561.5	1549.5	1045	1156.2	11355.1	13541.2	83.86
2014	1380.5	2020.17	1729.5	2634.0	1526.5	1092	1166.1	11548.8	13622.7	84.78

资料来源：根据国家统计局国民经济和社会发展统计公报整理。

我国四大粳稻主产区黑龙江、辽宁、吉林、江苏 2014 年粳稻产量合计 5401.1 万吨，占全国粳稻总产量的 76.94%。其中黑龙江、江苏两省的粳稻产量合计占全国粳稻总产量的 62.14%，两省粳稻产量分别为 2450 万吨、1912 万吨。如表 2-6 所示。

表 2-6 2010~2014 年我国粳稻主产区产量

单位：万吨

年份	粳稻主产区				合计产量	粳稻总产量	占比（%）
	黑龙江	辽宁	江苏	吉林			
2010	1843.9	457.6	1807.9	568.5	4677.9	6040	77.45
2011	2062.1	505.1	1864.2	623.5	5054.9	6640	76.13
2012	2171.2	507.8	1900.1	532	5111.1	6825	74.89
2013	2220.6	506.9	1922.3	563.3	5213.1	6820	76.44
2014	2450.0	451.5	1912	587.6	5401.1	7020	76.94

资料来源：根据国家统计局国民经济和社会发展统计公报整理。

湖南、江西、湖北三省在籼稻谷生产供应中占主要地位，黑龙江、江苏在粳稻谷生产供应中占主要地位。这些地区稻谷的种植面积、产量及流通情况的变化，对稻谷品种供应安全具有重要影响。

我国稻米主要消费人口却集中在南方及东部沿海，稻米品种生产的不平衡，导致我国稻米消费区域供求的不平衡，最终造成品种消费的不平衡。随着生活水平的提高，南方地区居民对优质籼米的需求越来越旺盛。由于优质籼米供不应求，不少居民舍近求远，部分改吃东北粳米，这一方面抑制了南方稻谷主产省优质籼米的生产，另一方面加剧了东北粳米北粮南运的运力紧张。

即使在南方稻谷主产区，在稻谷品

种搭配、优质稻开发方面，也存在不小差距。据湖南省统计局数据，2014 年湖南省优质稻面积占全省稻谷种植面积的比重为 65.2%，比 2009 年提高 5.9 个百分点。2014 年优质稻产量占全省稻谷产量的比重为 65.6%，比 2009 年提高 6.9 个百分点。虽然优质稻种植面积不断扩大，产量不断提高，但远远不能满足居民对优质大米的需求。继续扩大优质稻种植面积、增加优质稻产量的潜力仍然很大。如表 2-7 所示。

表 2-7　2009~2014 年湖南省优质稻产量占全省稻谷总产量比例

单位：%

年　份	杂交稻占稻谷比重		优质稻占稻谷比重	
	面　积	产　量	面　积	产　量
2009	72.2	72.7	59.3	58.7
2010	72.2	71.6	60.7	60.8
2011	70.0	70.8	62.2	62.2
2012	71.4	73.0	64.3	65.1
2013	70.4	71.6	64.2	64.8
2014	72.6	73.6	65.2	65.6

资料来源：湖南省统计局。

据有关方面调查，南方不少地方种植的优质稻，存在品种过多、过滥的问题。甚至一个县的优质稻品种多达几十个，难以形成区域化、规模化种植。例如，位于江汉平原的产粮大县湖北省监利县，优质稻种植总面积达 80%~90%，然而有些粮食加工企业负责人却反映，有一年他们用本地稻谷加工出来的大米，其米质并不尽如人意。为了打开市场，他们不得不远道去外地，以较高的

价格采购优质原粮。

有些"优质稻"品种虽然获得了权威机构认定，达国标三级以上，但真正上档次的不多。品种退化的情况也比较严重。据介绍，杂交稻产量虽稳定，但真正达到国标优质品质的品种不多。达到国标优质稻品质的多为常规稻种，农民可自留种子重复种植，由于疏于提纯复壮，品质易退化。

农业和粮食部门分析，优质稻难以

产出优质米，主要有以下四个方面的因素：第一，在种植环节，优质稻品种过多过滥，没有实现规模连片种植，在水稻扬花、灌浆期间，易造成混杂退化和品质变异；第二，在收购环节，收储企业难以分类装运、储存，一般只分为长粒形、圆粒形两类，各种稻谷常被混收混储在一起；第三，在加工环节，品质参差不齐的稻米一起加工，由于形状差异与机械接触面有所不同，很难加工出形状、色泽一致的优质米；第四，在消费环节，由于购买的袋装米由几个品种混杂而成，米饭口感有差异，消费者难以认同。

综合分析，我们将 2014 年我国稻谷品种供求评估为"比较安全"级别。我们建议，国家在推进优质大米工程的举措中，东北粳米增产计划与南方优质籼米推广计划应同步推进，主动促进南、北方优质大米品种的良性平衡。同时，政府要积极引导，加强管理，有效解决稻谷品种多、滥、杂的问题。最理想的是"一县一品"，但至少应做到"一乡一品"，实现连片规模种植。要发挥种粮专业合作社、种粮大户、粮食加工龙头企业和粮食购销企业的作用，签订产销合同，引导农民按市场需要种植。另外，要通过多种措施，建立良种的培育、提纯复壮和淘汰机制。否则，我国稻谷品种供求可能走向"不安全"状态。

第四节　我国稻米进口安全评估

中国曾经是世界第四大大米出口国。1998 年，我国大米出口量占全球市场份额的 14%。2000~2011 年，我国大米进口量很少，占世界大米贸易量（3500 万吨左右）的比例不超过 3%。

2011 年开始，受越南等国进口米价格持续下跌，且明显低于国内价格的影响，我国大米的进口量明显增加。如图 2-2、图 2-3 所示。

近年来，中国逐步由大米净出口国变成了大米净进口国，从泰国、越南、巴基斯坦和缅甸等国积极采购。中国 2011 年净进口稻米 8.21 万吨，2012 年净进口 208.94 万吨，2013 年净进口 179.26 万吨，2014 年净进口 213.8 万吨。如表 2-8 所示。

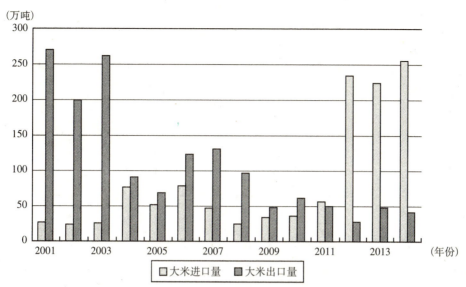

图 2-2　2001~2014 年我国大米进出口量变化

资料来源：根据海关相关资料整理。

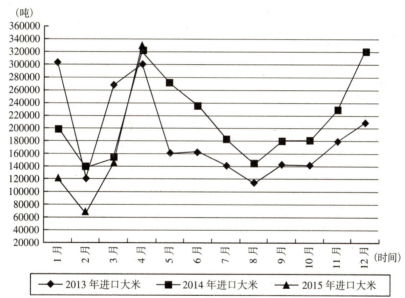

图 2-3　2013~2015 年我国进口稻米数量趋势

资料来源：根据海关相关资料整理。

表 2-8　2000~2014 年我国稻米净进口量统计

单位：万吨

年　份	稻米出口量	稻米进口量	稻米净进口量
2000	295	24	−271
2001	186	27	−159
2002	199	24	−175
2003	262	26	−236
2004	91	76	−15
2005	69	52	−17
2006	124	73	−51

续表

年　份	稻米出口量	稻米进口量	稻米净进口量
2007	134	49	−85
2008	97	32.97	−64.03
2009	79	36	−43
2010	62	38.82	−23.18
2011	51.57	59.78	8.21
2012	27.92	236.86	208.94
2013	47.85	227.11	179.26
2014	41.90	255.70	213.80

资料来源：根据海关相关资料整理。

根据海关数据显示，2014年中国进口大米255.7万吨，其中净进口大米213.8万吨。

按出米率65%计算，2014年我国国内大米总供给量为13617.5万吨，总消费量为12769.25万吨。

我们将稻米进口安全参数（净进口量占当年国内总供给量之比）定义如下：

1.0%＜安全≤2.0%

2.0%＜比较安全≤2.5%

2.5%＜不安全≤3.0%

3.0%＜进口危机≤3.5%

2014年我国稻米进口安全参数＝净进口量/当年国内总供给量＝213.8/13617.5＝1.57%

计算得出2014年我国稻米进口安全参数为1.57%，我们对2014年我国稻米进口安全状况评估为"安全"。

我们对2011年以来，以越南米为代表的进口米价格走势与国内标一晚籼米价格走势进行对比，发现两者虽然存在一定相关性，但联系并不是特别紧密。如图2-4所示。

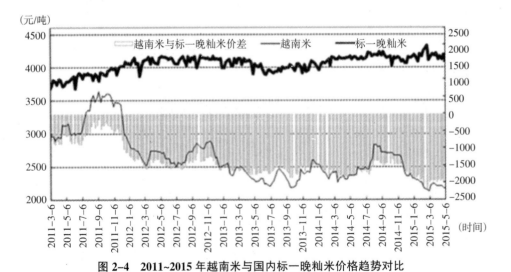

图2-4　2011~2015年越南米与国内标一晚籼米价格趋势对比

资料来源：根据海关相关资料整理。

美国农业部 2014 年 12 月报告预计，全球 2014/2015 年度大米产量为 4.7524 亿吨，供给量为 5.8201 亿吨，贸易量为 4191 万吨，消费量为 4.8289 亿吨，期末库存为 0.9912 亿吨。大米出口国中，预计 2014/2015 年度泰国大米产量为 2050 万吨，比上年度增加 4 万吨；出口预计为 1100 万吨，比上年度增加 70 万吨。越南大米产量预计为 2825 万吨，比上年度增加 9 万吨；预计出口 670 万吨，比上年度增加 20 万吨。印度大米产量预计为 1.02 亿吨，减少 454 万吨；

出口预计为 870 万吨，减少 160 万吨。巴基斯坦大米产量预计为 650 万吨，减少 20 万吨；出口预计为 390 万吨，与上年度相同。

近年来，我国稻米进口主要来源国包括越南、泰国、巴基斯坦、柬埔寨、老挝、缅甸、日本等。2014 年我国分别从越南、泰国、巴基斯坦进口 124.96 万吨、72.78 万吨、40.67 万吨，分别占当年我国稻米总进口量（255.7 万吨）的 48.87%、28.46% 及 15.89%。如表 2-9 所示。

表 2-9　2005~2014 年我国稻米进口主要来源国统计

单位：万吨

年　份	国　别	数　量
2014	越南	124.96
	泰国	72.78
	巴基斯坦	40.67
2013	越南	147.7
	泰国	32.65
	巴基斯坦	41.6
2012	越南	154.46
	巴基斯坦	57.96
	泰国	19.93
2011	泰国	34.5
	越南	23.38
	巴基斯坦	0.87
2010	泰国	32.11
	越南	5.61
	老挝	0.68
2009	泰国	33.61
	老挝	1.7
	越南	0.29
2008	泰国	32.05
	老挝	0.43
	日本	143.5
2007	泰国	45.56
	越南	2.65
	老挝	0.44

年　份	国　别	数　量
2006	泰国	68.96
	越南	3.55
	老挝	0.43
2005	泰国	47.93
	越南	4.15
	缅甸	0.05

资料来源：根据海关相关资料整理。

2012 年我国进口的越南米占总进口大米数量的 65.9%，2014 年所占比例为 48.87%。2012 年我国进口巴基斯坦大米占总进口量的 24.72%，2014 年所占比例为 15.9%。2012 年我国进口泰国大米占总进口量的 7.48%，2014 年所占比例为 28.46%。如图 2-5 所示。

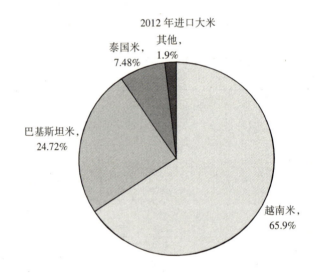

2012 年进口大米

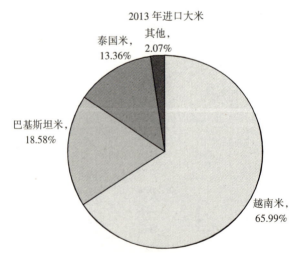

2013 年进口大米

图 2-5　2012~2014 年我国稻米进口来源国占比对比

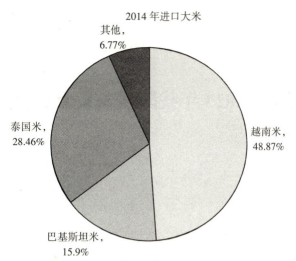

图2-5 2012~2014年我国稻米进口来源国占比对比（续图）

资料来源：根据海关相关资料整理。

多年前，我国进口大米的主要品种为泰国香米，目的是为了改善国内大米的品种结构。2012年开始，由于越南大米和巴基斯坦大米的价格明显低于我国自产大米价格，商家认为有利可图，有的充分用足进口配额大量进口，有的通过边境贸易边进边销，导致东南亚大米大量进入我国市场。

我们将稻米进口来源国占比参数（该国进口量占当年进口总量之比）定义如下：

很安全≤25%

25%＜安全≤30%

30%＜比较安全≤40%

40%＜不安全≤50%

50%＜进口危机≤60%

2014我国稻米进口来源国占比参数（来源国越南）＝该国进口量/当年进口总量＝124.96/255.7＝48.87%

2014我国稻米进口来源国占比参数（来源国泰国）＝该国进口量/当年进口总量＝72.78/255.7＝28.46%

2014我国稻米进口来源国占比参数（来源国巴基斯坦）＝该国进口量/当年进口总量＝40.67/255.7＝15.90%

由上计算得知，2014我国稻米进口来源国占比参数（来源国泰国）为28.46%，属于安全，2014我国稻米进口来源国占比参数（来源国巴基斯坦）为15.90%，属于很安全。2014年我国稻米进口来源国占比参数（来源国越南）为48.87%，进口稻米来源集中在越南，而且价格以1.60~1.85元/斤的越南中低档品种为主，不仅对我国南方籼稻主产区构成严重冲击，而且有违多年前我国主要进口泰国大米时，用以"调剂国内大米品种结构"的初衷。

从进口国别及品种搭配角度，我们

将 2014 年我国稻米进口来源国占比状 况评估为"不安全"。

第五节   2015 年我国稻米安全形势分析

预计 2015 年全国粮食播种面积基本稳定在 16.8 亿亩左右，其中全国稻谷播种面积约 4.55 亿亩，同比持平略减，产量预计达到 2.08 亿吨。其中早籼稻面积约 8400 万亩，同比减 0.6%。

据调研，2015 年早籼稻生长期间不利天气频繁发生，减产基本已成定局，预计全国早籼稻总产约 623.4 亿斤，同比减 4.82%。目前，南方早籼稻主产区逐步进入成熟、收割、晾晒、收购期，如果在这一时期再出现大范围降雨，可能造成早籼稻产后减产，不利于收购、仓储及质量保障，需继续关注。

受宏观经济形势低迷、进口米持续冲击、国内稻米市场消费不旺等多种因素影响，预计 2015 年国内稻米市场需求同比略有下降。上半年国家政策性稻谷腾仓进度缓慢，库存持续处于高位，加上新稻谷陆续上市，国内稻米市场供应充裕。综合来看，预计本年度国内稻米市场供需比上年更为宽松，年度结余将超过 300 亿斤。

初步预估，2015 年我国稻谷市场供需保持宽松格局，稻谷安全评估比较乐观。进入 2015 年，我国南方籼稻市场呈现"四个倒挂"，即早稻与晚稻价格倒挂，产区与销区价格倒挂，收购与销售价格倒挂，国内外价格倒挂。"四个倒挂"影响了我国南方稻米市场。

第六节   保障我国稻谷安全的政策建议

一、加强我国稻谷品牌建设

我国五常大米是中国地理标志产品，年产量达到 105 万吨，由于不重视品牌建设，在市场上卖出 1000 多万吨的混合米，许多厂商为了赚取高额利润，采取混合米掺杂的方式销售，虽然销售量上去了，但是五常大米的品牌效应下降了。这个案例具有代表性，应该引起我们的高度重视，探索区域品牌与企业品牌的关系，提倡我国稻谷的品牌影响力。

二、加强稻谷产业链的顶层设计

2014年是吉林大米品牌元年，"健康米"被列为吉林省的重点工程，吉林将大米"白金名片"与车城、影城相提并论，打造稻谷产业链，从生产、收购、储备、运输、加工、消费等全产业链角度进一步完善国家顶层设计，促进区域间、品种间的稻谷安全与平衡。可以在全国进行推广。

三、北方粳稻与南方优质籼稻协同发展

促进北方粳稻与南方优质籼稻协同发展，即品种上的差异、时间上的差异、区域上的差异，形成"一北一南"的稻谷生产、流通、消费的格局，并且做到协同发展。

四、完善我国储备粮的品种结构优化

完善中央、地方储备粮品种结构，增加优质稻储备比重，相应优化储备粮轮换周期和方式，从而促进我国粮食储备品种结构的优化、空间结构的优化、时间结构的优化。

五、加大对我国大米走私管理力度

受国内外价格差异的影响，我国大米走私猖獗，严重扰乱了我国大米市场，甚至影响了我国大米市场的安全，因此应加强进口米进口市场管理和监督，促进大米市场公平，保护我国稻农和国内稻米加工企业利益。

参考文献

[1] 2014年国民经济和社会发展统计公报 [EB/OL]. 国家统计局，http: //www.stats.gov.cn/tjsj/zxfb/201502/t20150226_685799.html.

[2] 主产区秋粮收购16161万吨 [EB/OL]. 国家粮食局门户网站，http: //www.chinagrain.gov.cn/n316630/n316660/n316735/n326789/n512531/c512642/content.html.

[3] 主产区秋粮收购进展（12月31日）[EB/OL]. 国家粮食局门户网站，http: //www.chinagrain.gov.cn/n316630/n316660/n316735/n326789/n512541/c744957/content.html.

[4] 2014年稻谷市场年度分析报告 [EB/OL]. 中华粮网，http: //www.cngrain.com/Publish/Vision/201501/579858.shtml.

[5] 预计2014/2015年度我国稻谷总需求量约3929亿斤（2014年12月）[EB/OL]. 中华粮网，http: //www.cngrain.com/Publish/qita/201501/579679.shtml.

[6] 中华人民共和国国家统计局. 2013 中

国统计年鉴〔M〕.北京：中国统计出版社，2013.

〔7〕2014 年广东农业经济稳中有升〔EB/OL〕.广东统计信息网，http：//www.gdstats.gov.cn/tjzl/tjkx/201501/t20150123_196144.html.

〔8〕2014 年湖南省粮食生产情况分析〔EB/OL〕.湖南统计信息网，http：//www.hntj.gov.cn/fxbg/2015fxbg/2015jczx/201502/t20150227_115116.htm.

〔9〕龚锡强.从世界最大大米出口国地位之变看粮食政策〔EB/OL〕.中华粮网，http：//www.cngrain.com.

〔10〕美国农业部月度供需报告（2014 年12 月）〔EB/OL〕.大连商品交易所网站，http：//www.dce.com.cn/portal/info?cid = 1261730308103&iid=1418256808100& type=CMS.NEWS.

第三章　2014~2015年我国小麦安全现状分析

第一节　2014年我国小麦安全现状

2013年，中央明确提出实施"以我为主、立足国内、确保产能、适度进口、科技支撑"的国家粮食安全战略，强调要坚持把保障国家粮食安全作为我国农业现代化的首要任务，确保谷物基本自给、口粮绝对安全。

进入21世纪以来，随着我国经济快速发展和城市化进程加快，粮食消费总量增加、消费结构升级，使得粮食供需结构出现转折性变化。其中，小麦作为我国主要粮食作物，产量和消费量近年来一直保持在1.1亿~1.2亿吨左右。小麦生产、消费、进出口等方面是否符合粮食安全标准，将直接影响到我国粮食安全。

一、2014年我国小麦生产现状

小麦是我国的主要粮食作物，在粮食生产和消费中占重要地位。1997~2003年，国内小麦价格持续低迷，小麦生产成本逐年升高，麦农的收益减低，影响了生产积极性，小麦播种面积下降。从2004年起，国家对种粮农民实行直接补贴，实施小麦良种推广补贴、生产资料综合补贴，提高了种粮农民的生产效益。由于国内和国际形势的影响，国内小麦的产量在一定幅度范围内呈动态变化。近年来，随着玉米价格不断上升，华南、山东等地饲养企业根据小麦、玉米不同年份和季节供需状况与价差，不断调整饲料配方，利用小麦替代玉米，补充蛋白和其他营养成分，很大程度上提升了小麦的饲料消费用量。饲料用量的快速增加，以及主产区自然灾害多发重发，使得近年来国内小麦供应总体较为紧张，大多数年份供需处于紧平衡状态。

据中华粮网数据显示，2014 年全国小麦总产量约 11500 万吨，2015 年国家继续在主产区实行小麦最低收购价政策，有利于稳定农民种粮收益预期，但受耕地及水资源限制、河北省部分耕地调整为生态用地压减小麦面积等影响，近两年来部分主产区小麦播种面积呈现下降趋势。预计 2014/2015 年度全国冬小麦播种面积为 3.39 亿亩，与上年基本持平。

二、2014 年我国小麦消费现状

我国小麦生产主要分布在华北地区，以冬小麦为主。小麦作为北方居民的主要口粮，其消费一直以制粉为主，饲料消费量很小。但自 2010 年以来，随着饲养业的快速发展，小麦饲料消费占比不断扩大，2011 年曾达到 25% 左右，目前稳定在 20% 左右。综合测算预计，2020 年我国小麦产量约 2526 亿斤，年均增速有所放缓，增长动力主要是由于单产的增加；2020 年国内小麦总消费量约 2568 亿斤，产需略有缺口。小麦消费仍然以食物消费为主，预计口粮消费占总消费比重约 63% 左右。如表 3-1 所示。

表 3-1　国内小麦供求平衡表分析

年　份	2015	2016	2017	2018	2019	2020
总消费量（亿斤）	2482	2504	2512	2530	2552	2568
需用耕地（亿亩）	3.672	3.693	3.705	3.699	3.709	3.700
口粮消费（亿斤）	1609	1616	1611	1615	1621	1623
饲料消费（亿斤）	536	540	546	576	580	586
工业消费（亿斤）	300	300	320	320	320	340
其他消费（亿斤）	30	30	30	30	30	30
国内供给						
1. 总产量（亿斤）	2442	2464	2470	2490	2510	2526
占用耕地（亿亩）	3.615	3.630	3.645	3.645	3.645	3.645
单产（公斤/亩）	338	339	339	342	344	347
2. 期末库存（亿斤）	992	996	1002	1006	1010	1014
进口数量（亿斤）	48	50	52	48	50	52
需占耕地（亿亩）	0.071	0.071	0.071	0.070	0.070	0.069

资料来源：经合组织、粮农组织，《2014~2022 年农业展望》。

总之，从生产和消费两方面来看，我国小麦产量基本能够保证自给，产量和消费都处于持续缓慢增长趋势，但基本属于安全状态。

三、2014 年我国小麦进出口现状

我国小麦进口主要来自美国、加拿大和澳大利亚，品种主要是硬质春小麦和软粒小麦。20 世纪 90 年代中期以前，我国一直是世界上最大的小麦进口国之一。从 1997 年开始，随着国产小麦数量的不断增加和质量的不断提高，小麦进口数量大幅下降，截至 2003 年，每年进口数量不超过 200 万吨，2008 年进口量降到了历史最低点，为 3.19 万吨。2009 年以来，由于国际小麦价格下跌，相对于国内市场存在明显的价格优势，加之国内优质麦供应不足，进口又出现大幅增长，其中 2013 年创下新高，达 550.71 万吨。

在我国小麦大量进口的同时，也有少许出口。主要市场是韩国、日本、菲律宾、马来西亚、越南、斯里兰卡等东南亚国家，用途主要是饲料小麦。2001~2003 年，出口明显增加，但这种出口主要是调节国内库存结构。2004 年以来，我国小麦产量增加，出口竞争力增强，出口量有所上升，2007 年出口量达到历史最高值，为 233.66 万吨，主要原因是当年国际市场小麦价格高涨，而国内价格相对平稳，出口竞争力提高。

中国小麦进出口量占全球贸易量的比重很小，但在逐年提高。随着近几年我国小麦进口量的增加，占全球贸易的比重也呈逐渐增长趋势。20 世纪 90 年代中期以前，我国小麦年进口量占全球贸易总量的比重在 10% 左右；1996 年以后，随着进口量的减少，占比在多数年份为 1% 左右，其中 2006 年以后不到 1%，最低的 2008 年仅为 0.03%；随着 2009 年、2010 年进口量的增加，占比也提高至 0.67%、0.98%，但仍不足以影响国际价格变化。如表 3-2 所示。

表 3-2 1995~2014 年我国小麦进出口数量

单位：万吨

年 份	进口数量	出口数量
1995	1158.56	1.62
1996	824.60	0
1997	186.06	0.07
1998	148.94	0.60
1999	44.81	0.02
2000	88.00	0.25
2001	69.00	45.00
2002	60.46	68.76
2003	42.42	223.75
2004	723.32	78.39
2005	351.01	26.03
2006	58.41	111.41
2007	8.34	233.66
2008	3.19	12.60
2009	89.37	0.84
2010	122.01	0
2011	124.88	3.98
2012	368.86	0
2013	550.71	0.25
2014	297.20	19.00

资料来源：国家海关总署。

总的来看，小麦生产基本能保持自给，最近几年的净进口量保持小幅上升。所以，小麦的进出口处于比较安全的阶段。

四、2014 年我国小麦物流体系的现状

我国粮食产量逐步提高，但生产区域分布广泛，生产规模和品种结构差异很大。其中，小麦生产区域主要集中于泛黄淮地区，而全国各地区对小麦都有需求，这就造成产销区域分布不均。随着主产区与主销区的空间距离的不断扩大，传统的"南粮北运"就转为"北粮南运"和"北出南进"，跨省调运数量日趋庞大。为了实现粮食安全，就要加强物流体系。目前，我国粮食物流体系主要由五部分构成：粮食仓储体系、粮食运输体系、粮食装卸体系、粮食物流信息化体系和粮食物流中心。各部分协调发展才能保证我国粮食物流体系的健全，虽然各部分都有相当规模，但仍处于不完善状态，在节点布局、功能发挥、成本效益等方面还存在一定问题，需要进一步建设和完善，以满足各方面需求。

五、2014 年我国小麦财政安全现状

加入世界贸易组织以来，我国相继实施了一系列的农业政策，以促进农业的稳定发展。尤其是 2004 年以后，在全面取消农业税的基础上，实施了粮食直接补贴政策，尝试构建有效的粮食补贴政策体系。目前，我国粮食财政安全体系主要体现为粮食财政直接补贴政策，包括综合性收入补贴和生产性专项补贴。

综合性收入补贴政策主要由粮食直补政策和农资综合直补政策构成。自 2004 年开始，国家对种粮农民实施了粮食直接补贴政策，首年补贴额为 116 亿元。2006 年，实施了对种粮农民的农业生产资料综合直接补贴政策，以弥补化肥、柴油等农资价格变动对农民种粮增支的影响，首年补贴额为 120 亿元。截至 2014 年，我国粮食直补和农资综合补贴资金拨付总额为 1222 亿元。其中粮食直补资金 151 亿元，较 2004 年增加 35 亿元；农资综合补贴资金 1071 亿元，较 2006 年增加 951 亿元。生产性专项补贴从实行以来，全国以最低收购价格累计收购粮食 1850 多亿斤。对保护农民利益、保障市场供应发挥了重要作用。

总体来看，财政补贴保证了我国粮食生产、销售等各环节的安全，但仍需继续加大力度，保证新时期、新背景下的粮食安全。

六、2014 年我国小麦金融安全

近年来，围绕粮食安全问题，我国

进行了农村金融体制改革，建立了以政策性银行（中国农业发展银行）、政策性保险为主，以合作金融（农村信用社、农业合作银行）、商业金融（中国农业银行、邮政储蓄银行）、村镇银行等新型农村金融机构及农业担保体系为支撑的新型农村金融体系，初步构建了具有中国特色的粮食金融安全体系。但围绕粮食产业链提供金融服务的相关金融体系建设还不到位，对粮食的生产、储备、加工、流通、消费等环节的保障程度十分有限，这不利于我国粮食安全战略的实施。因此，必须着力完善我国粮食金融安全体系，从体制、机制、机构、功能、法制等层面逐步加以完善，确保我国粮食安全。

七、2014 年我国小麦储备体系

目前我国现有的全部储备粮约占全国全年粮食消费的一半。通过中储粮完成各类政策性收购和轮换，跨省调运，进出口等形成了中央、省、市、县四级储备的格局。国家转型储备粮库形成与粮食种植生产、粮食输出供给、粮食输入消费关系比较密切、布局基本合理的中央储备粮库群布局。据有关部门统计，目前我国国家储备粮库储备达到较高水平，粮食库销比达到 35% 左右，所以我国粮食储备是比较安全的，属于过

剩轻警。

八、2014 年我国小麦安全指标评价

（一）供需安全指标评价

综合多方面因素，我们将小麦安全参数（小麦年度新增供给量与总需求量之比）定义如下：

1.05 ＜ 安全 ≤ 1.10

1.00 ＜ 比较安全 ≤ 1.05

0.95 ＜ 不安全 ≤ 1.00

0.90 ＜ 危机 ≤ 0.95

2014 消费年度我国小麦安全参数 = 2014 年度我国小麦新增总供给量/2014 年我国小麦总需求量 = 2350/2335 = 1.01

计算得出，2014 消费年度我国小麦安全参数为 1.01。总体评估认为，2014 消费年度我国小麦供需状况总体属于比较安全。

（二）进口量安全指标评价

我们将小麦进口安全参数（净进口量占当年国内新增总供给量之比）定义如下：

1.0% ＜ 安全 ≤ 2.0%

2.0% ＜ 比较安全 ≤ 2.5%

2.5% ＜ 不安全 ≤ 3.0%

3.0% ＜ 进口危机 ≤ 3.5%

2014 消费年度我国小麦进口安全参数 = 净进口量/当年国内新增总供给量 = 50/2350 = 2.12%

计算得出 2014 消费年度我国小麦进口安全参数为 2.12%，我们对 2014 消费年度我国小麦进口安全状况评估为"比较安全"。

（三）进口来源国安全指标评价

我们将小麦进口来源国占比参数（该国进口量占当年进口总量之比）定义如下：

很安全≤25%

25% < 安全≤30%

30% < 比较安全≤40%

40% < 不安全≤50%

50% < 进口危机≤60%

2014 年我国小麦进口来源国占比参数（来源国澳大利亚）= 该国进口量/当年进口总量 = 139.1/297.2 = 46.8%

2014 年我国小麦进口来源国占比参数（来源国美国）= 该国进口量/当年进口总量 = 86.3/297.2 = 29.0%

2014 年我国小麦进口来源国占比参数（来源国加拿大）= 该国进口量/当年进口总量 = 41.1/297.2 = 13.8%

由上计算得知，2014 年国内小麦最大的进口来源国澳大利亚、美国和加拿大占比参数分别为 46.8%、29.0% 和 13.8%，分别属于不安全、安全和很安全。

第二节　2015 年我国小麦安全基本形势及其挑战

预计 2015 年全国粮食播种面积基本稳定在 16.8 亿亩左右。据农业部数据，预计夏粮播种面积 4.15 亿亩，比上年增加 100 多万亩。预计 2015 年夏粮产量将持平略增，其中小麦产量 2310 亿斤，比上年增 10 亿斤，同比增加 0.43%。

预计 2015/2016 年度国内小麦供应量将高于上年度，小麦消费量下降 48 亿斤下降至 2227 亿斤，新增供需结余约 120 亿斤，国内小麦供需关系继续改善。初步预估，2015 年我国小麦市场供需保持宽松格局，小麦安全评估比较乐观。

一、2015 年我国小麦生产方面挑战

第一，由于城镇化和农村土地流转中的非农化现象，减少了小麦种植面积，影响了小麦的产量；第二，由于水资源的短缺和污染，土地的污染和气候的负面作用，影响了小麦的产量；第三，由于农业生产设备不足，水利工程不够完善等因素，影响了小麦的产量；第四，小麦价格低廉，农民收益得不到保障，影响种粮积极性。

二、2015 年我国小麦消费方面挑战

第一，消费区域不平衡；第二，消费用途结构不平衡；第三，消费观念存在误区；第四，小麦消费品种结构性矛盾突出；第五，小麦质量满足不了国内消费需求。

三、2015 年我国小麦进出口贸易挑战

进出口贸易中，主要有三个突出问题：第一，进出口市场过于集中；第二，进出口时滞问题；第三，国际市场的垄断性增大。

四、2015 年我国小麦物流体系挑战

第一，物流基础设施设备发展不足；第二，产销衔接不畅，北粮南运粮食物流成为瓶颈；第三，粮食流通成本较高；第四，信息化、网络化建设相对落后。

五、2015 年我国小麦金融体系挑战

在我国粮食安全中，金融体系起着很重要的作用。目前来看，金融体系中存在两个主要问题：一是资金来源不足；二是相关法律不健全。这两个问题阻碍了我国农业相关金融体系的建设，不能给金融体系建设提供可靠的力量。

六、2015 年我国小麦财政政策

第一，对粮食生产的扶持政策力度还不够，支持手段还有待进一步完善；第二，粮食生产的补贴制度还不够完善，补贴的渠道还不多，水平还比较低，范围还比较窄；第三，粮食生产的投入机制还没有建立起来，国家对粮食生产基础设施建设投资的投入比重低、增幅小，粮食生产缺乏相应的信贷支持，工商资本和社会资本尚未进入粮食生产领域；第四，粮食产销区的利益平衡机制还没有建立起来，粮食主产区财政困难，缺乏重农抓粮的动力。

七、2015 年我国小麦储备体系

储备粮的功能作用不明显；布局不合理；运作机制不健全；代储制度不完善；没有形成粮食现代物流的完整系统，跨区域粮食流通不畅；粮库仓型及布局不尽合理，现有设施利用不充分等。

第三节 2015 年我国小麦安全政策建议

一、2015 年小麦生产消费安全的政策建议

针对我国小麦生产消费过程中存在的安全问题，应该从六个方面来改进小麦生产，提高产量。一是加强耕地保护和基础设施建设，增强农业综合生产能力。二是支持农业生产服务体系建设，不断提高农业现代化水平。三是进一步完善种粮财政补贴政策，充分发挥补贴资金作用。四是推广农业保险，为种植农产品提供保障。五是合理调整产业结构，多生产加工用的优质小麦。六是严格标准、加强监督，确保小麦质量安全。

二、2015 年小麦进出口安全的政策建议

针对我国小麦进出口安全问题，一是促进贸易多元化，建立稳定贸易关系；二是适当、适时进口；三是改善进口管理体制，完善公共信息服务。

三、2015 年小麦物流安全的政策建议

针对小麦物流安全的问题，一是要强化对粮食基础设施的建设力度；二是加快粮食物流企业的合资合作，推进粮食流通国际化；三是加强专业人才的培养，满足粮食物流现代化的需要；四是促进粮食加工业的发展。

四、2015 年小麦金融安全的政策建议

（一）完善我国农业政策性银行

健全农业政策性银行的法律保障和监督制约体系；适时、适度逐步加大政策扶持力度；完善农业政策性银行支农服务功能；完善多元化筹资机制，扩宽资金渠道；强化风险防控机制，保障信贷资金安全。

（二）完善我国农业保险体系

增强中央财政的支持力度，巩固政策性农业保险；设立巨灾风险基金，增强农险公司抵御巨灾风险的能力；建立再保险机制，分散农业保险的经营风

险；出台持续稳定支持政策，扩大农业保险的覆盖范围；建立健全农业保险法规，建立多层次的农业保险体系；建立农业保险与农村信贷相结合的互动机制。

（三）完善我国中小企业信用担保体系

完善中小企业信用担保法规体系；逐步完善支持政策，加大扶持力度；与银行建立风险分担机制；改善中小企业信用环境；完善信用监管体系；培育商业性担保机构。

（四）促进我国农村小额信贷发展

鼓励各种形式小额信贷的发展；建立多元化的资金投入机制；多途径降低小额信贷组织的成本；多渠道提高小额信贷组织的收益；加强小额信贷发展的配套设施建设。

（五）财政政策方面

一是加大财政投入，支持农村基础设施建设。二是加大支农总量，调整支农结构。三是完善保护价收购政策。四是进一步深化农村税费改革，减轻农民种粮的经济负担。

（六）粮食储备体系方面

一是改革和完善粮食储备管理体制；二是建立开放竞争的国家储备粮轮换经营机制；三是合理、充分利用仓容；四是推进现代粮食物流体系建设，改善粮食流通条件。

（七）积极探讨新的国内价格形成机制

理顺国内外市场价格体系，畅通国内小麦产业链各环节。

参考文献

［1］中央农村工作会议今日闭幕：强调保障粮食安全［EB/OL］. 新华网，http：//news. xinhuanet.com/fortune/2013-12/24/c_125910112. htm.

［2］预计 2014/2015 年度全国小麦总产量约 2300 亿斤（2015 年 1 月）［EB/OL］. 中华粮网，http：//www.cngrain.com/Publish/qita/201502/581347.shtml.

［3］中国粮食供需进入新的市场周期［EB/OL］. 中华粮网，http：//www.cngrain.com.

［4］耿宁. 我国小麦的贸易状况及其国内供求安全分析［J］. 中国粮食经济，2013（8）.

［5］中央财政拨付 2014 年粮食直补和农资综合补贴资金 1222 亿元［EB/OL］. 新华网，http：//news.xinhuanet.com/fortune/2014-01/14/c_118967022.htm.

［6］2015 年下半年粮食市场展望［EB/OL］. 中华粮网，http：//www.cngrain.com/Publish/yida/201507/590300.shtml.

第四章　2014~2015 年我国玉米安全现状分析

第一节　2014 年我国玉米安全现状

一、2014 年我国玉米生产现状

我国的玉米种植面积分布在约 24 个省、市、自治区，是一个一年四季都有玉米生长的国家。北起黑龙江省的讷河，南到海南省，都有玉米种植。而且，种植形式多样，东北、华北北部有春玉米，黄淮海有夏玉米，长江流域有秋玉米，在海南及广西可以播种冬玉米，海南因而成为我国重要的南繁基地。但最重要的种植形式还是春、夏玉米。

我国玉米生产很不平衡。主产区主要集中在东北、黄淮海和西南，北方的辽、吉、黑、内蒙古、晋、冀、鲁、豫 8 省区生产了全国 70% 以上的玉米。

在近年来的种植结构调整当中，东北地区种植结构调整较大，大豆等其他作物改种玉米较为普遍。目前东北地区（含内蒙古）玉米产量占我国总产量 50% 左右。

二、2014 年我国玉米消费现状

当前我国玉米消费主要有口粮、饲料粮、工业用粮、种子用粮四个方面，在流通中还会产生一些损耗。就目前的情况来看，国内玉米的食用消费量比较稳定，变化不大，而饲料和工业加工需求速度增长相对较快。

（一）国内玉米消费快速增长

国内玉米消费量的快速增长与我国饲料及养殖业迅速发展密切相关。伴随着我国经济的快速发展，居民收入水平有了较大幅度的提高，对蛋、奶、肉的需求量开始增加，有力地推动了我国饲

料养殖业的发展。除了饲用玉米消费之外，近年来，深加工的快速发展成为国内玉米消费加速增长的重要推动力量。

特别是 2000 年以后，伴随着国际市场以石油为代表的国际能源价格的快速上涨，在世界范围内出现了寻求替代能源的热潮，刺激了我国玉米深加工的飞速发展，玉米深加工能力不断提高，其消耗玉米量也呈现快速增长的势头。最近两年，受宏观经济环境等因素影响，饲用玉米及工业玉米消费出现了阶段性滞增的状况。

（二）国内玉米消费结构发生变化

目前我国玉米消费的构成主要包括饲料消费、工业消费、口粮及其他消费。20 世纪 80 年代以前，由于我国的饲料生产以手工作坊为主，产量较低，饲料玉米消费量也较低。20 世纪 80 年代以后，随着我国饲料业的快速发展，饲料玉米消费也进入了快速增长时期。据统计，2000 年，我国饲料玉米消费量所占比例达到峰值。2000 年以后，随着玉米深加工的发展，饲料消费占比开始回落，但饲料消费总量仍然呈现逐年上升的势头。与之对应的是玉米深加工消费所占比重开始增加。玉米深加工的迅速发展改变了玉米饲用消费独大的单一消费结构，延伸了玉米产业链条。

（三）玉米消费空间分布发生变化

国内玉米消费在空间分布上呈现明显的地域差异性，由于玉米消费与玉米生产在空间分布上既有一致性又有差异性，导致了全国范围内玉米贸易的产生。在 2000 年前，国内以饲用玉米消费为主，由于饲料养殖业在全国分布较为分散，因而，国内玉米消费的空间分布范围较广，既包括了北方产区，又包括了广大的南方非玉米产区。随着国内玉米深加工的发展，一大批玉米深加工企业成长起来，深加工玉米消费所占比例不断上升。由于玉米产区具有原料上的优势，玉米深加工企业分布的一个典型特征就是以产区分布为主。饲用玉米消费具有典型的全国分布特征，覆盖了产区和销区。玉米工业消费在全国的分布相对较为集中，即主要集中在东北及华北黄淮产区。其中工业消费玉米量最大的是山东和吉林，其次是黑龙江、河北、河南、内蒙古及辽宁等省（自治区）。工业玉米消费主要集中在北方产区，广大南方销区市场工业消费数量较少。

三、2014 年我国玉米供需形势

改革开放以来，国内玉米供需格局经历了一个从早期的宽松到之后的偏紧，再到当前宽松的演变过程。其中，受国内消费总量较小等因素影响，在改革开放以来的较长一段时间，国内玉米年度产消出现较大结余，中国一度成为全球最大的玉米出口国之一。据海关统计，1992 年、1993 年、2000 年、2002 年和 2003 年，我国玉米年出口量都超过了 200 亿斤，其中 2003 年超过 320 亿斤。如表 4-1 所示。

表 4-1 中国玉米出口量

单位：亿斤

年 份	出口量	年 份	出口量
1985	126.8	2000	209.8
1986	112.8	2001	120.0
1987	78.4	2002	233.4
1988	78.2	2003	327.8
1989	70.0	2004	46.4
1990	68.0	2005	172.2
1991	155.6	2006	62.0
1992	206.8	2007	9.6
1993	222.0	2008	5.4
1994	175.0	2009	2.6
1995	2.2	2010	2.4
1996	3.2	2011	2.8
1997	132.0	2012	5.2
1998	93.8	2013	1.4
1999	86.2	2014	0.2

资料来源：根据海关相关资料整理。

随着玉米能源属性的发现，特别是 2004 年之后，国内玉米深加工产业开始加快发展，玉米工业消费量不断增加。而随着居民收入水平的提高，国内饲用玉米消费也进入一个较快的增长时期，国内玉米供需开始逐渐转向偏紧格局，其中，2009/2010 年度、2010/2011 年度是国内玉米供需紧张较为突出的时期。其偏紧的主要原因一方面是国内玉米消费持续上升。根据监测，国内生猪养殖业从 2010 年下半年开始进入长达两年的历史上较好的盈利周期，有力推动了饲用玉米需求。而 2010~2011 年的上半年也是深加工企业盈利较好的时期，深加工消费也推动了国内玉米消费的增加。另一方面，2009 年国内玉米产量出现较大幅度的减产成为推动玉米价格上涨的直接诱因。由于供需关系的变化，2009/2010 和 2010/2011 连续两个年度国内玉米库存水平大幅度降低，玉米库存消费比从之前的 30% 左右下降至 20% 以下。受此影响，国内玉米进口呈不断增加态势。

2012 年以来，国内玉米生产逐渐恢复，特别是近年来随着国家临时收储政策的执行及临储收购价格的不断提高，东北玉米播种面积持续增加，国内玉米总产量持续创出历史新高。而与此对应的是，受全球及国内经济不景气等因素影响，国内玉米深加工进入调整周期，饲用玉米消费增幅也逐渐放缓，国内玉米产消结余量开始增加。另外，由于国内外价差的拉大，玉米出口渠道受阻，而受进口玉米价格优势的驱动，玉米进口量总体保持相对稳定的水平，当前国内玉米出现了阶段性过剩的现象。

四、2014 年我国玉米进出口现状

随着我国经济高速发展，人民收入水平不断提高，肉、蛋、奶消费量增速强劲，带动了玉米饲料消费量快速增长。另外，玉米深加工行业从 2005 年开始快速发展，玉米用量连年大幅增长。需求强劲增长刺激国内玉米面积和产量迅速扩张。据国家统计局数据，2000 年以前，国内玉米产量稳定在 2000 亿斤以内，2010 年增加至 3400 亿斤左右，目前已达到 4400 亿斤左右，成为国内最大的粮食品种。

我国曾经是主要的玉米出口国之一，根据海关数据，2005 年以前，国内玉米出口量都稳定在 60 亿斤以上，部分年份达到 200 亿斤。随着国内消费量的快速增长，国内玉米库存消耗迅速，并刺激新的生产和进口。2011 年，我国玉米进口量超过 100 亿斤，近几年维持在 60 亿斤左右，成为国际市场玉米的新买家。由于国内玉米生产增长潜力有限，再加上随着经济好转、消费量预期呈增长态势，从长期来看，国内玉米进口仍存在扩大的可能性。如表 4-2 所示。

表 4-2　国内玉米供求平衡分析

年　份	2015	2016	2017	2018	2019	2020
总消费量（亿斤）	4003	4119	4235	4350	4466	4582
需用耕地（亿亩）	5.16	5.26	5.36	5.46	5.55	5.65
口粮消费（亿斤）	280	288	296	305	313	321
饲料消费（亿斤）	2602	2677	2753	2828	2903	2978
工业消费（亿斤）	1001	1030	1059	1088	1117	1146
其他消费（亿斤）	120	124	127	131	133	137
国内供给						
1. 总产量（亿斤）	4265	4304	4344	4382	4422	4462
占用耕地（亿亩）	5.50	5.50	5.50	5.50	5.50	5.50
单产（公斤/亩）	387.7	391.3	394.9	398.4	402.0	405.6
2. 期末库存（亿斤）	5775	6010	6169	6251	6257	6187
进口数量（亿斤）	50	50	50	50	50	50
需占耕地（亿亩）	0.064	0.064	0.063	0.063	0.062	0.062

资料来源：综合《经合组织、粮农组织 2014~2022 年农业展望》、中华粮网《中国玉米长期供需分析预测（2014~2020）》测算得出。

另外，当前我国玉米供给结构和需求结构还存在一定差距，其中，畜牧业对玉米饲料的利用不尽合理，青贮玉米比重偏低，饲料转化率不高；在深加工方面，由于加工需求弹性较大，需要合理引导。综合测算预计，2020 年我国玉米总产量约 4462 亿斤，总消费量约 4582 亿斤，产消缺口约 120 亿斤。

五、2014 年我国玉米安全指标评价

（一）供需安全指标评价

综合多方面因素，我们将玉米供需安全参数（玉米年度新增供给量与总需求量之比）定义如下：

1.05 < 安全 ≤ 1.20

1.00 < 比较安全 ≤ 1.05

0.95 < 不安全 ≤ 1.00

0.90 < 危机 ≤ 0.95

2014 消费年度我国玉米供需安全参数 = 2014 年度国内玉米年度新增总供给量/2014 年度我国玉米总需求量 = 4411/3814 = 1.16

计算得出，2014 消费年度国内玉米安全参数为 1.16。总体评估认为，2014 消费年度我国玉米供需状况总体属于安全。

（二）进口量安全指标评价

我们将玉米进口量安全参数（净进口量占当年度国内新增总供给量之比）定义如下：

1.0% < 安全 ≤ 2.0%

2.0% < 比较安全 ≤ 2.5%

2.5% < 不安全 ≤ 3.0%

3.0% < 进口危机 ≤ 3.5%

2014 消费年度国内玉米进口安全参数 = 净进口量/当年度国内新增总供给量 = 60/4411 = 1.36%

计算得出 2014 消费年度国内玉米进口安全参数为 1.36%，我们对 2014 消费年度国内玉米进口安全状况评估为安全。

（三）进口来源国安全指标评价

我们将玉米进口来源国占比参数（该国进口量占当年国内进口总量之比）定义如下：

很安全 ≤ 25%

25% < 安全 ≤ 30%

30% < 比较安全 ≤ 40%

40% < 不安全 ≤ 50%

50% < 进口危机 ≤ 60%

2014 年国内玉米进口来源国占比参数（来源国美国）= 该国进口量/当年进口总量 = 102.7/262.9 = 39.1%

2014 年国内玉米进口来源国占比参数（来源国乌克兰）= 该国进口量/当年进口总量 = 96.4/262.9 = 36.7%

由上计算得知，2014 年国内玉米最大的进口来源国美国和乌克兰占比参数分别为 39.1%、36.7%，均属于比较安全。

第二节　2015年我国玉米安全形势分析

预计 2015 年全国粮食播种面积基本稳定在 16.8 亿亩左右。其中全国玉米播种面积约 5.68 亿亩，同比增加约 2.16%。预计 2015 年全国玉米总产量达到 22900 万吨，较上年增产 6.2%。消费低迷及临时收储政策调整预期继续压制下半年国内玉米价格。虽然政策外流通粮源减少将对第三季度国内玉米价格形成一定支持，但新年度东北临时收储政策的调整预期及新粮上市将对后期国内玉米价格形成较大抑制。后期影响国内玉米价格的主要因素有：

一是当前政策性玉米库存庞大，截至 2015 年 5 月末，临储玉米库存同比增加 50%，受此影响，在新玉米上市之前市场可流通粮源将渐趋减少。

二是玉米消费总体较为低迷。据农业部监测，2015 年 5 月，4000 个监测点生猪存栏量下降至约 3.86 亿头，而能繁母猪存栏量下降至约 3920 万头，分别创下多年来的最低水平；同时，工业消费受宏观经济不景气影响也处境艰难，开工率难以明显回升。

三是饲料原料进口对玉米的替代量快速增加。受进口饲料原料成本优势影响，高粱、大麦等品种进口量持续增加，预计本年度高粱进口量可能达到 700 万~800 万吨，大麦进口量可能达到 500 万~600 万吨，另外木薯的大量进口也对玉米工业消费形成了一定的替代。

受宏观经济形势低迷、玉米需求增幅放缓等影响，预计 2015/2016 年度国内玉米市场仍将维持供大于求的格局。初步预估，2015 年我国玉米市场供需保持宽松格局，玉米安全评估比较乐观。

第三节 2014~2015 年我国玉米安全存在的问题

一、玉米持续增产的长效机制尚未建立

目前我国玉米产量大幅度增加，很大程度上是由于玉米种植面积的增加，而其中很大比例是通过挤占其他农作物的种植面积而实现的，其中东北产区表现尤为突出。由于后期玉米种植面积是否有进一步扩大的空间，要取决于玉米生产的比较收益。尽管近两年国内玉米出现阶段性过剩局面，但长期看国内玉米消费仍将继续增加，单靠扩大播种面积并不可行。

二、现行调控政策对市场干预过多

近年来，临储政策成为主导国内玉米购销的主要因素。主要原因一是近年来国内玉米产消结余量较大，而国际贸易受玉米价差的影响出现了只有进口、没有出口的局面，多余的玉米缺乏有效的消化渠道；二是受宏观经济形势低迷等因素影响，饲用及工业玉米消费都出现滞增现象。受临储收购等政策支持而

居于高位的玉米价格导致饲料养殖及深加工企业普遍面临较大的成本压力，近年来玉米产业链下游企业总体保持了较低的周转库存。在此形势下，随着临储收购量的增大，政策因素对市场的影响越来越大，国内玉米市场活力进一步降低，各级市场主体参与收购的积极性下降。从中长期来看，玉米临储收购政策已不可持续，对当前临时收储政策进行改革或探索新的收购机制已刻不容缓。

三、生产条件受限，且易受自然灾害影响

当前我国玉米生产主要集中在中低产田，东北玉米主产区中低产田面积仍然较大。并且我国玉米生产的实用技术普及率不高，难以满足不同区域、不同生产条件下玉米生产的需要，且机械化水平较低，受干旱、洪涝天气等自然灾害的影响较大。

四、物流体系仍存在明显短板

一是粮食物流体系建设缺乏统一规

划，造成仓储物流设施重复建设。二是物流资源分散，组织化程度低，资源利用率不高。三是多种物流模式并存，标准化程度低，物流效率难以提高。四是粮食"四散化"基础设施相对落后。欧美国家 20 世纪 80 年代，已全部实现粮食散装、散卸、散存、散运的"四散化"。我国的"四散化"发展相对落后，现有完好仓容中只有少部分适合粮食散装散卸的立筒仓、浅圆仓有相应散粮接收发放设施，大部分不适应散粮运输的需要。

第四节　2015 年我国玉米安全的政策建议

一、提高玉米综合生产能力，确保供应安全

（一）促进玉米生产能力提高

从国家粮食安全战略考虑，首先要保证口粮供应，不能把更多的耕地资源分配在玉米生产上。在外延性资源越来越少的条件下，内涵发展必然是实现玉米增产的根本出路，一方面，改善农田生产条件，包括土地整理、农田水利设施建设等，为玉米生长创造良好的生产环境条件；另一方面，通过育种和施肥手段及先进的栽培技术措施，提升玉米的产量和生物体的能量转化效率。

（二）合理引导粮食消费，确保口粮绝对安全

国内粮食消费中除了满足人民健康生活的基本消费外，有些消费并不合理，浪费也相当严重，过度的食物消费不仅损害人的健康，还增加医疗、社会保障等的负担，基于此，抑制不合理消费，引导人们树立科学的膳食理念，培养健康饮食习惯十分重要。

（三）重视科学节粮、节约用粮

中国是一个人均资源十分短缺的国家，在人口不断增加、耕地资源和水资源短缺、环境制约日益突出等不利条件下，要进一步稳定发展粮食，提高粮食数量、质量安全水平，仍是一项极其艰巨的任务，节约用粮、减少浪费是符合中国国情粮情的保障粮食安全的战略选择。一是在粮食收获环节要确保颗粒归仓。二是在粮食储藏方面要推进科学保粮。三是在粮食加工环节要减少转运损失。四是在粮食食用方面要宣传节俭消费。

（四）充分利用国际市场，适度进口，调剂国内粮食余缺

一是进口规模要适度，控制进口总

量,适度增减,既要避免国际粮价的波动,也要兼顾发展中国家的粮食进口国的需求。

二是进口品种和渠道要多元,建立多品种、多渠道的适度进口战略,改变当前进口结构相对单一的局面,以多元化的粮食进口来保障国内粮食安全。

三是进口方式要多样,在国际粮食贸易中要具有国际视野,通过贸易协定、互惠互利等进行直接贸易,并建立仓储、物流等稳定的供应链。

二、合理引导生产和储备,确保玉米品种结构的安全

适应市场需求,优化我国粮食储备结构和区域布局。粮食储备是我国粮食宏观调控的基本手段,是稳定粮食市场供应和稳定粮价的基础支撑。在粮食生产形势越发复杂、粮食收储政策面临改进等情况下,通过完善粮食储备制度,建立科学、规范、灵活的粮食储备调节机制,更好地保障国内粮食市场平稳运行。一是优化粮食储备结构和区域布局。根据市场供需和消费结构升级的发展趋势,以及适应加工规模化和细分市场的需求,增加战略储备规模,扩大紧缺品种、优质品种的储备比例。二是充分发挥调节储备经营对粮食市场的调节作用。建立科学规范、灵活高效的储备

吞吐运作和轮换经营机制,坚持高抛低吸,把握轮换时机、控制轮换节奏,在粮食市场波动的敏感时期,通过调整调节储备吞吐和轮换节奏,及时调节市场供求、稳定粮食价格。三是加强粮食储备基础设施建设,提高储备质量。

三、强化监管和引导,确保玉米质量上的安全

(一)按需生产,逐渐提高优质玉米的种植比例

由于农民在选择品种时,为谋求更好的经济效益,更倾向于单产最高的品种,再加上近年来很多增加的播种面积并不是玉米的最佳种植地区,不利于高品质玉米生长,因此在播种时农民选中了单产高但品质一般的品种系列,造成增产的玉米很多不适合饲料生产,市场需求有限,后期应根据玉米品种特点和耕地适宜程度,合理规划和引导玉米种植,促进玉米生产内部结构调整,将向规模要产量转为向效率要产量,提高专用优质品种比例,推动玉米生产由"量变"向"质变"转化。

(二)培育支持龙头企业,不断改善粮食物流产业

一方面,国有大型粮食企业作为国家宏观调控的主渠道,鼓励通过掌控产区、物流、销区关键节点,根据粮食生

产和消费区域结构变化，完善物流体系布局，提升运输效率；另一方面，鼓励国有大型粮食企业采取新建、联合、并购等方式整合国内物流资源，控制关键物流节点，增强国家宏观调控能力。

（三）完善食品安全法规，强化食品产销环节监管

针对食品安全监管体系的薄弱环节和突出问题，要加强食品安全标准制修订能力建设，加快清理整合现行食品安全相关标准，统一公布食品安全国家标准；建立统一的国家食品安全风险监测数据库，扩大监测范围、监测指标和样本量，使风险监测逐步从省、市、县延伸到社区、乡村，覆盖从农田到餐桌全过程；加强食品安全监管信息化建设的顶层设计，实现各品种的安全电子追溯。

四、深化玉米价格市场化形成机制改革

当前玉米阶段性过剩的根本原因是

国内玉米价格形成机制的问题，因此，积极探索新的玉米价格形成机制成为解决这一问题的关键。从长期看，要继续深化粮食流通体制改革，加快推进对玉米实施目标价格补贴政策的步伐，贯彻既要保护种粮农民利益，又不扰乱市场的原则，积极稳妥地向市场化目标推进。

参考文献

[1] 中国玉米生产和流通情况 [EB/OL]. 中国饲料在线，http：//www.chinafeedonline.com/cfo/info/breed/1-fishmeal_breed_3_29.htm.

[2] 我国玉米消费的空间分布分析与展望 [EB/OL]. 中华粮网，http：//www.cngrain.com/Publish/Vision/200910/426125.shtml.

[3] 2014年下半年全国生猪价格走势预测分析 [EB/OL]. 中国饲料行业信息网，http：//www.feedtrade.com.cn/livestock/pigforecast/2014-08-04/2082608.html.

[4] 2015年5月中国玉米市场行情价格分析 [EB/OL]. 中商情报网，http：//www.askci.com/chanye/2015/05/31/1203lz99.shtml.

第五章　2014~2015年我国马铃薯安全现状分析

第一节　我国马铃薯历史及其主粮化战略

一、我国马铃薯的历史

马铃薯又叫土豆，原产南美洲，因酷似马铃铛而得名，此称呼最早见于康熙年间的《松溪县志食货》。在中国东北称土豆，在华北称山药蛋，在西北和两湖地区称洋芋，江浙一带称洋番芋或洋山芋，在广东称之为薯仔，在粤东一带称之为荷兰薯，在闽东地区则称之为番仔薯，在青岛市郊区普遍称呼为"地蛋"。

马铃薯的人工栽培最早可追溯到大约公元前8000年到公元前5000年，原产于南美洲安第斯山区的秘鲁和智利一带。安第斯山脉3800米之上的的的喀喀湖区可能是最早栽培的地方。在距今大约7000年前，一支印第安部落由东部迁徙到高寒的安第斯山脉，在的的喀喀湖区附近安营扎寨，以狩猎和采集为生，是他们最早发现并食用了野生的马铃薯。

二、我国是最大的马铃薯生产国

300多年前，马铃薯从东南亚传入我国，主要分布在西南、东北、西北等地区，即内蒙古、陕甘宁、云贵川等地。据联合国粮农组织统计，2013年，中国马铃薯产量达8892.5万吨，占全球总产量的24.2%。我国是全球第一大马铃薯生产国，其次是俄罗斯、印度、美国、乌克兰，亚洲、欧洲是世界主要马铃薯产区，亚洲马铃薯消费占供应量的一半。

预计到2020年，我国马铃薯的种植面积将逐步扩大到1.5亿亩，其中50%

以上的马铃薯将作为主粮消费。马铃薯是世界上继水稻、小麦、玉米之后的第四大粮食作物，也是中国的第四大粮食作物。

三、马铃薯主粮化已经成为国家战略

（一）马铃薯主粮化的内涵

马铃薯主粮化的内涵就是用马铃薯加工成适合中国人消费习惯的馒头、面条、米粉等主食产品，实现目前马铃薯由副食消费向主食消费转变、由原料产品向产业化系列制成品转变、由温饱消费向营养健康消费转变，作为我国三大主粮的补充，逐渐成为第四大主粮作物。

（二）马铃薯主粮化的目标

马铃薯主粮化的目标：今后要通过推进马铃薯主粮化，因地制宜地扩大种植面积，在不挤占三大主粮的前提下，由目前的 8000 多万亩扩大到 1.5 亿亩，把马铃薯亩产量提高到 2 吨以上，为国家粮食安全提供更多保障。

在发展目标上，力争通过几年的努力，使马铃薯的种植面积、单产水平、总产量和主粮化产品在马铃薯总消费量中的比重均有显著进步，逐步实现马铃薯生产品种专用化、种植区域化、生产机械化、经营产业化、产品主食化，形成马铃薯与谷物协调发展的新格局。

（三）马铃薯主粮化的意义

推进马铃薯成为我国主粮产品对保障国家粮食安全意义重大。我国每年粮食需求增量较大，但受耕地资源的约束和种植效益的影响，小麦、水稻等口粮品种继续增产的空间变小、难度加大。而马铃薯耐寒、耐旱、耐瘠薄，适应性广，种植起来更为容易。

（四）马铃薯主粮化"一不三坚持"原则

在推进原则上，要做到"一不三坚持"。"一不"就是不与小麦、水稻、玉米三大主粮抢水争地。"三坚持"就是坚持主食化与综合利用相兼顾，坚持政府引导与市场决定相结合，坚持整体推进与重点突破相统一。

第二节　2014 年我国马铃薯安全现状分析

2014 年我国马铃薯种植面积达 557 万千公顷（8355 万亩），鲜薯产量达 9500 多万吨，种植面积和产量均占世界的 1/4 左右，薯农大约有 5000 万人。

一、我国马铃薯产业逐渐形成规模

1. 乌兰察布成为"中国马铃薯之都"

2014 年，乌兰察布市马铃薯播种面积为 402.5 万亩，马铃薯鲜薯总产量约 68.3 亿斤（342.5 万吨），因 2014 年全市马铃薯受旱严重，比 2013 年减产 22.7 亿斤，减幅 24.95%。2013 年开始采取易货贸易方式销售马铃薯，2013 年 10 月 14 日，泰国商团、中国台湾商界、云南企业与乌兰察布市 8 家企业签署了战略合作协议，达成易货贸易销售意向 13.4 亿元。

2. 青岛马铃薯产量突破 100 万吨

2014 年，青岛市春马铃薯栽培面积约 36.1 万亩，加上秋马铃薯种植亩数的不断上升，马铃薯种植总面积已经接近 40 万亩，连续 4 年成为青岛市种植面积最大的蔬菜作物，产量突破 100 万吨，总产值也突破了 10 亿元大关，和玉米、小麦一起成为名副其实的"主粮"。2014 年形成了胶州、平度、青西新区和莱西四大主产区，其中胶州市 13 万亩、平度市 10 万亩、青西新区 7 万亩、莱西市 3 万亩、即墨市 2.4 万亩；城阳、崂山两区栽培面积较少，约 0.7 万亩。在主要产区的分布中，最近 10 年来也逐渐形成了胶州胶西、平度南村、莱西河头店、青西新区大村、即墨移风店、

城阳夏庄等"马铃薯大镇"。

3. 甘肃定西小马铃薯变成大产业

甘肃定西作为曾经被世界粮农组织开出"死亡诊断书"——"不适合人类居住"的城市，实现了由"中国马铃薯之乡"向"中国薯都"的嬗变。2008 年以来，国家农业部、甘肃省政府连续 6 年在定西举办了国家级马铃薯大会，国家工商总局还将"定西马铃薯"商标认定为中国驰名商标。

4. 宁夏固原市马铃薯已经成为其主粮

宁夏固原市地处"苦甲天下"的西海固地区，受土壤及气候条件所限，马铃薯早已是当地的主粮，产值超过 18 亿元，提供农民年人均纯收入 700 多元。

5. 山西天镇马铃薯新品示范种植喜获成功

山西天镇顾家湾村"荷兰 15 号"马铃薯示范种植成功，该品种马铃薯亩产达 4875 公斤，最大的马铃薯重达 1.4 公斤。

6. 甘肃永昌县农技中心重点示范推广 6 项新技术

甘肃永昌县农技中心在该县东寨镇上二坝村建立了马铃薯万亩高产优质栽培示范区，重点示范推广了马铃薯黑色地膜机械覆盖覆土栽培、可降解地膜机械覆盖覆土栽培、生物有机肥栽培等 6 项新技术，试验示范田 3500 亩，辐射带动周边村社标准化种植马铃薯 1 万多

亩。示范区大面积推广垄沟种植、地膜覆盖，采用平衡施肥技术和全程机械化生产，大大降低了生产投入和劳动强度。

7. 第9届世界马铃薯大会在中国延庆举行

2015年7月29日，第9届世界马铃薯大会在延庆开幕，中国国际薯业博览会、中国马铃薯大会、马铃薯主食产品及产业开发国际研讨会同期举行，首次实现"四会合一"，成为历届规模最大的一次薯业盛会。来自全球37个国家的3000余名马铃薯领域的专家和政府部门代表参加会议。同时，国际马铃薯中心亚太中心也在北京延庆揭牌，延庆将打造"种源之都"。

二、我国马铃薯为原料的深加工丰富多样

在第9届世界马铃薯大会上，"马铃薯主食厨房"展出的一场"马铃薯72变"，除了马铃薯主粮和马铃薯鲜薯外，马铃薯在淀粉的市场更广，包括汽车制造、化工、铸造、饲料、涂料、木材、石油、化妆品、建筑材料、医药、造纸、纺织、肉制品、食用油、乳制品、速冻食品、糖果、饮料、调味品、酱料等上百个行业，马铃薯更是与"互联网+"、"众筹+"、"创业+"等紧密相融。武汉高校还成功开发出了方便、安全、营养的马铃薯主食米产品。

第三节　2014年我国马铃薯安全面临的问题

一、我国马铃薯亩产偏低

据了解，目前我国马铃薯平均产量为1.6吨/亩[①]，低于1.9吨/亩的世界平均水平，不到世界先进水平的一半。这种情况的出现，主要问题是由种薯品质造成的。我国马铃薯种植面积大、产量低，最大瓶颈就是脱毒种薯严重不足，只占种植总量的25%，而发达国家则高达90%以上。

二、我国马铃薯生产成本较高

固原市原州区马铃薯种植大户段佩强算了一笔账：1亩马铃薯种子花费

---

① 2015年8月，山西天镇县南河堡乡顾家湾村马铃薯新品示范种植达4.875吨/亩。

400元、化肥300元、农药200元、人工工资200元、机械使用费100元，加上土地流转和水费等，总的算下来成本在1800元左右，纯收入最多1000元。这几年马铃薯价格不稳定，规模种植的收入不高，预期收益并不乐观。

大户如此，散户的日子更不好过。由于投入不足，产量、质量都很受影响，价格低于每斤0.5元就赚不上多少钱。国家提出要把马铃薯种植面积扩大到1.5亿亩，一些种植户表示短期内扩大面积难度不小。尤其在部分干旱地区，玉米种植效益比马铃薯高，农民更愿意种植费工少、价格高且稳定的玉米。

三、我国市场供求波动较大

马铃薯市场风险大，有时供大于求，有时供不应求，市场价格"过山车"，有时每斤7~8元，有时每斤0.7~0.8元。2014年以来马铃薯行情不好，价格也就每斤0.4~0.5元，有些才卖到0.2~0.3元。如果算上人力成本，散户几乎不赚钱。玉米平均亩产500公斤以上，亩均纯收入超过1000元，对农民更有吸引力。当地玉米种植面积从2013年的50万亩大幅增至2014年的104万亩，与此同时，马铃薯种植面积降至190万亩左右。由于良种覆盖率仍偏低，每亩单产1.5吨，提升空间还很大。

在提高马铃薯单产、扩大种植面积、提升薯农收入的同时，马铃薯主粮化战略实施后，淀粉加工环节不仅能消化那些个头小、薯形差、外销难的马铃薯，还克服了鲜薯难以长距离运输的问题，此举将为当地农民每年带来较高的收益。

四、我国马铃薯加工环节污染严重

在马铃薯加工过程中的废水处理难题，也让企业面临"关停伤农，加工排污"的风险。"中国马铃薯之乡"西吉县以及原州区、隆德县部分淀粉加工企业，在淀粉加工过程中会产生大量废水，生产1吨淀粉要消耗7吨水，再加上马铃薯自身含的水分，每年生产15万吨淀粉的固原市就要排出几百万吨废水，这当中的COD（化学需氧量）含量超过1万毫克/升，对河流、地下水的污染不容忽视。

2015年以来，隆德县淀粉加工厂向境内渝河排污，导致下游甘肃省静宁县水源地污染。在与多家淀粉加工企业的负责人交流中，他们反映对废水处理非常头疼，由于相关研发滞后，马铃薯淀粉污水处理多是借用玉米加工领域设备，缺乏针对性且配套难度大。

宁夏绿色六盘农业发展公司是国内少有的工程化连续处理淀粉工艺废水的企业，环保设备投资远大于生产线设备投资，但处理能力还是跟不上。另外，废水处理成本高，每吨淀粉成本增加340~360元，这也是企业连年亏损的原因之一。

一些淀粉企业已经关停，在马铃薯产区引发大批淀粉企业不能继续生产，薯农手中 1/3 的马铃薯可能找不到销路，进而影响产业发展、薯农增收。

较安全状态，产量略有下降，依然是世界最大生产国，平均产量 1.6 吨/亩，低于世界平均水平（1.9 吨/亩），质量在提高，产出品种多样化，虽然没有出现前几年出现的供过于求的危机，运营价格基本稳定，但农民种植马铃薯的意愿不强，且加工污染大，严重影响了产出的多样化优势。

五、2014 年我国马铃薯安全状况的评价

总体来看，2014 年我国马铃薯为比

第四节 2015 年我国马铃薯安全评估的预测

一、2015 年启动马铃薯主粮化战略

农业部将力争通过几年的不懈努力，使马铃薯的种植面积、单产水平、总产量和主粮化产品在马铃薯总消费量中的比重均有显著提升，让马铃薯逐渐成为水稻、小麦、玉米之后的我国第四大主粮作物。

2015 年我国马铃薯发展战略出台，确定马铃薯为国家第四大主粮，这为马铃薯在国家粮食安全中确定了新的历史地位，马铃薯成为国家主粮战略推出，

为维持中国新的粮食安全格局奠定了基础。具体有以下政策：

（1）2015 年 7 月，农业部选择北京、河北、湖北等 9 省（区、市）开展马铃薯主食产品及产业开发补助试点项目。

（2）积极争取财政资金支持。在多方努力下，农产品产地初加工补助资金从 2014 年的 6 亿元增加到 2015 年的 10 亿元，增长了 67%，主要用于马铃薯和果蔬储藏保鲜，其中 1 亿元专门用于支持马铃薯主食产品开发。

（3）推动组建马铃薯主食加工产业联盟。根据农业部加工局安排部署，由

中国农科院加工所具体负责，2015年启动由政府部门（主产区）、工商资本（生产企业、加工企业、装备企业）、科研院所共同组成的马铃薯主食加工产业联盟筹建工作，探索以市场为主导的分工、合作、交流、创新机制和合理的产前、产中、产后资源配置、利益分配机制，加强行业自律和自我服务。

（4）支持马铃薯主食加工技术研发推广。已组织中国农科院加工所等研发团队，开展马铃薯主食产品研发攻关，研制馒头、面条、复配米等10余个系列、50余种产品，在5家主食加工企业完成中试试验，在2家主食加工企业实现标准化生产并上市销售。同时，下半年拟在甘肃定西组织开展一次全国性的马铃薯主食加工科企对接活动。

（5）开展相关马铃薯标准修订工作。2015年加工局安排由中国农科院加工所牵头，组织开展马铃薯主食产品分类与术语、质量安全控制规范、马铃薯占比检测方法等基础标准起草，以进一步形成共识，推动标准化生产。

（6）加强宣传引导。通过丰富多样的主题活动、编印知识手册等，宣传现代主食消费理念，提升消费者对马铃薯主食产品的消费认知度。在全国主食加工业示范企业认定、主食加工"老字号"宣传推介活动中，对马铃薯主食加工企业予以重点关注，加大宣传推介力度。

（7）2015年9月14日，湖北省马铃薯（即土豆）主食产品及产业开发试点项目正式启动。首批6家湖北企业将获得共计500万元资金补助，开展以马铃薯为主食的周边产品和产业开发。

二、我国马铃薯安全也面临着一些问题

2015年我国将会延续2014年我国马铃薯面临的一些问题，2014年我国马铃薯主粮化过程中存在的一些问题在2015年仍然存在，如果这些问题不解决，仍然会影响到2015年的马铃薯安全问题。其中马铃薯市场供求风险仍然较大，这种周期性波动的风险影响农民收益的稳定性。

第五节　完善我国马铃薯安全的政策建议

一、坚持"一不三坚持"原则

在发展目标上，力争通过几年的努力，使马铃薯的种植面积、单产水平、总产量和主粮化产品在马铃薯总消费量中的比重均有显著进步，逐步实现马铃薯生产品种专用化、种植区域化、生产机械化、经营产业化、产品主食化，形成马铃薯与谷物协调发展的新格局。在推进原则上，要做到"一不三坚持"。"一不"就是不与小麦、水稻、玉米三大主粮抢水争地。"三坚持"就是坚持主食化与综合利用相兼顾，坚持政府引导与市场决定相结合，坚持整体推进与重点突破相统一。

二、坚持马铃薯科技创新

在发展方式上，通过科技创新，促进马铃薯产业的健康发展。北京希森三和马铃薯有限公司坐落于延庆县国家马铃薯高科技园区，长期从事种质资源评价、新品种选育、微型薯繁育及相关工程技术的研发。公司总占地400余亩，目前已完成投资3.1亿元，建有14000

多平方米的科研综合楼，12000平方米的组培中心，100多栋温室大棚，年可繁育马铃薯微型种薯1.5亿粒。现育有早熟鲜食品种费乌瑞它、希森3号，加工型品种夏波蒂、大西洋、克新1号，具有延缓衰老、抗氧化功效的彩薯新品种红玫瑰（红皮红肉）、紫玫瑰（紫皮紫肉）、黑玫瑰等多个品种的脱毒种薯。

三、重视马铃薯种业的发展

北京延庆成为马铃薯种都，在研究、开发、推广、品牌等方面发挥较大的作用。马铃薯最佳生长地区是北纬35~50度之间，延庆地处这一黄金纬度范围内，是马铃薯种薯最理想的生产研发基地。同时，作为首都西北门户，延庆是进入河北、内蒙古、宁夏等马铃薯主产区的重要通道，有利于与各主产区加强合作，建立起以延庆为种源科技支撑的马铃薯种植网络。

四、加大马铃薯政府补贴力度

2009年4月22日，国务院宣布对马铃薯原种生产实行补贴，对薯农每亩补贴100元，种薯生产企业每亩补贴500元；2009年6月28日，由科技部和农业部组织成立的国家马铃薯工程技术研究中心在山东乐陵揭牌。

五、重视马铃薯的国际合作

从2010年开始，中国政府与国际马铃薯中心签署了《东道国协议》，即开始筹建亚太中心。目前建成揭牌的亚太中心拥有总建筑规模12000平方米的大楼，兼具办公和科研功能，中国政府将通过努力将其建成国际农业科研合作的典范，加强和国际农业科技机构的合作。未来中心将注意引进淀粉含量高、适合做主食，同时适合在亚太地区生长的马铃薯品种，致力于马铃薯主食产品的开发。

六、建设马铃薯交易中心

北京亚太马铃薯交易中心将利用"互联网+"的交易模式，打造从产区到销区、从田间到餐桌的产业互联网服务平台，吸引产业客户和投资者参与网上交易，减少中间环节，用市场和资本的力量促进生产者增收。

七、加强马铃薯无缝产业链建设

马铃薯主粮化涉及科研、生产、加工、流通、消费等多环节，需要不断加大扶持力度，集中力量攻关。尤其需要强化主粮化政策扶持，加大投入力度，推进主粮化有序开展。强化规划引导和主粮化技术模式攻关，加快选育一批优质、高产、抗逆、综合性状优良、适宜主粮化的专用品种。同时加强主粮化加工工艺改进和完善，开展不同马铃薯品种的营养成分比较分析，研究最优的配比，开发最好的产品。重点攻关马铃薯全粉占50%的面条、馒头、米粉等配方及加工工艺流程，加快研发适宜马铃薯主粮化的加工机械等。

附表

世界粮农组织发布的《全球马铃薯产量统计表》
（一）

年 份	全球马铃薯产量（万吨）	中国马铃薯产量（万吨）	中国产量占比（%）
1993	30486.5	4590.5	15.1
1994	27123.9	4380.0	16.1
1995	28621.2	4595.0	16.1
1996	31206.6	5304.0	17.0
1997	30368.9	5720.8	18.8
1998	30112.3	6457.9	21.4
1999	29989.1	5610.5	18.7

续表

年份	全球马铃薯产量（万吨）	中国马铃薯产量（万吨）	中国产量占比（%）
2000	32760.0	6627.5	20.2
2001	31123.7	6456.4	20.7
2002	31644.1	7018.5	22.2
2003	31475.8	6809.5	21.6
2004	33619.8	7222.0	21.5
2005	32669.3	7086.5	21.7
2006	30735.4	5402.6	17.6
2007	32391.2	6479.0	20.0
2008	32992.2	7078.0	21.5
2009	33473.4	7323.1	21.9
2010	33361.7	8153.4	24.4
2011	37514.9	8829.1	23.5
2012	36536.5	8726.0	23.9
2013	36809.6	8892.5	24.2
2014		9500.0	

（二）

年　份	全球马铃薯单产（吨/公顷）	中国马铃薯单产（吨/公顷）
1993	16.51	14.87
1994	15.02	13.66
1995	15.58	13.38
1996	16.67	14.19
1997	16.17	14.97
1998	15.99	15.90
1999	15.22	12.70
2000	16.31	14.03
2001	15.80	13.68
2002	16.50	15.04
2003	16.46	15.06
2004	17.47	15.71
2005	16.88	14.52
2006	16.69	12.82
2007	17.37	14.62
2008	18.16	15.18
2009	17.91	14.40
2010	17.85	15.66
2011	19.46	16.28
2012	18.95	16.12
2013	18.91	15.41
2014		

注：2013 年全球马铃薯总产量为 3.68 亿吨，其中亚洲地区马铃薯产量为 1.8 亿吨，占比为 49%；欧洲地区马铃薯产量占比为 30.7%。

资料来源：中国产业信息网、世界粮农组织。

参考文献

[1] 李强. "土豆革命" 已然来临, 主产区准备好了吗? [EB/OL]. 荆楚网, http://www.workercn.cn, 2015-08-03.

[2] 宁夏马铃薯主产区主粮化现状: 土豆当干粮没那么简单——宁夏马铃薯主产区 "主粮化" 现状调查 [EB/OL]. 新华网, 2015-02-28.

[3] 冯华. 我国力推马铃薯主粮化战略: 为何要让小土豆成第四大主粮 [EB/OL]. 人民网-人民日报, 2015-01-07.

[4] 马铃薯成为中国第四大主粮 [EB/OL]. http://www.chyxx.com/industry/201501/302276.html.

[5] 中国马铃薯加工产业深度调研与投资价值评估报告 (2014~2019) [EB/OL]. http://wenku.baidu.com/view/e1a1914ea300a6c30d229f19.html. 2015-08-12.

第六章 2014~2015 年我国粮食电子商务安全现状分析

粮食电子商务信息安全是指由于各种原因引起的交易信息泄露、信息丢失、信息篡改、信息虚假、信息滞后、信息不完善等，以及由此带来的风险。具体的表现有：窃取商业机密；泄露商业机密；篡改交易信息，破坏信息的真实性和完整性；接收或发送虚假信息，破坏交易、盗取交易成果；伪造交易信息；非法删除交易信息；交易信息丢失；病毒破坏；黑客入侵等。2014 年我国粮食电子商务安全状况、2015 年其安全趋势是本章分析的主要内容。

第一节 我国粮食电子商务发展历程

一、1995~2012 年起步阶段

1995 年，中国郑州粮食批发市场成立集信息、价格和交易于一体的集诚信息网（2001 年改名为中华粮网），1998 年 12 月开展了第一笔网上粮食交易。自 1998 年以来，通过中华粮网电子商务平台参与网上交易的粮油企业已有 3000 多家，截至 2014 年 9 月，通过中华粮网电子商务平台成交国家政策性粮油共计 1 亿多吨，成交金额超过 2000 亿元。

二、2003~2005 年政府支持信息化建设阶段

2003 年开始，国家发改委利用国债资金开展市场信息化建设项目，支持重点粮食批发市场信息化建设，建立了先进、完善、统一的多模式综合电子交易平台，形成了粮食行业开展电子交易的有形基础，中国（衢州）网上粮食市场就是在 2003 年建立的。

三、2006 年政府法规明文许可粮食网上交易

2006 年,《国家临时存储粮食销售办法》出台,国家有关部门第一次明文许可粮食可以在网上进行流通,安徽等地推出网上粮食交易。

四、2007 年粮食网上平台成为宏观调控载体

2007 年,国家通过中储粮总公司现代电子交易平台,实现了全年国内小麦市场价格的总体稳定,中储粮总公司网上物资采购平台建立,首次 200 万条塑料编织袋网上采购顺利完成,粮食电子交易平台逐渐成为国家宏观调控的重要载体。

五、2010 年至今为广泛利用网络进行粮食交易阶段

2010 年,中国网上粮食交易市场开办早稻网上交易会,至今已连续举办 6 届。目前,全国各地粮食批发市场积极利用电子交易手段开展地方粮油的购销交易活动的同时,一些粮食电子交易模式不断创新,差异化经营。粮食企业通过建立电子商务在网络上销售自己的产品,某些贸易商转型的企业建立粮油类等农产品专业电子商务网站,提供高端、精品农产品销售等。

第二节　我国粮食电子商务发展现状

一、粮食流通领域电子商务交易模式不断创新

2014 年中华粮网、中国网上粮食市场、中国安徽粮食批发市场交易网、中国谷物网、宁波网上粮食市场、台州网上粮食市场、黑龙江中米网、哈尔滨网上粮食交易市场、北京买粮网、京粮点到网引起关注。

(一) 中华粮网、中国郑州粮食、河南粮食物流、易谷网模式

2014 年以中华粮网为代表的电子商务服务平台共举办国家临时存储小麦竞价销售交易会 48 场,交易总量 1368 万吨,共成交 670 万吨,总成交率 49%。郑州粮食批发市场积极开发商品粮场际交易新模式,2014 年成交粮油 100 余万

吨，成交金额近 30 亿元。河南省粮食交易物流市场联合相关企业专门经营豆粕现货业务，逐步促进上游企业在电子商务盘中挂单、下游企业通过电子商务买单，从而推进豆粕电子商务的发展。

在 B2B、B2C、OPO 模式日益成熟的基础上，衍生出 O2O 模式、O2O+本地化经营模式，促进了企业线上线下资源的有机融合。

2014 年 8 月 27 日，中粮招商局（深圳）粮食电子交易中心有限公司——易谷网成立，该网站以服务粮食产业链企业为己任，利用 B2B、O2O 等多种交易模式，搭建起衔接南北产销区、连通国际市场的粮食空中交易平台，利用云计算、物联网等现代信息科技手段，积极打造国内粮食行业信息中心、结算中心、物流中心、定价中心、服务中心、大数据分析中心。

（二）中国网上粮食市场模式

2014 年 8 月 7~8 日，中国网上粮食市场早稻交易会在江西省上饶市举行。当日举行两场网上交易，网上共竞价交易成交 4.27 万吨粮食，成交额 1.23 亿元，网下洽谈成交 10.45 万吨粮食，成交额 3 亿元。近年来，上饶市与浙江衢州、温州、台州、绍兴 4 市（县）紧密合作，已成功举办 4 届早稻网上交易

会。2014 年的交易会主办方增加到 7 个，吸引了浙江、广东、黑龙江等 9 个省、近 600 名粮食部门的领导和粮食企业的负责人参会。4 年来，中国网上粮食市场早稻交易会共网上交易粮食 17 万吨，金额 4.5 亿元，参会人数 2000 余人。

2015 年 8 月 7 日，由江西省上饶市、抚州市，浙江省衢州市、温州市、台州市、绍兴市柯桥区，福建省宁德市，安徽省马鞍山市 8 市（区）粮食局共同主办的"2015 年中国网上粮食市场早稻交易会"在上饶市举行。当天举行了两场网上竞价投标，共成交早稻 4.38 万吨，成交金额 1.31 亿元。此次早稻网上交易会是上饶与衢州等市第 6 次联合举办的交易会，也是第 5 次在上饶举办。

（三）"我买网"双品牌运营模式

2014 年我买网完成 B 轮 1 亿美元融资，该笔资金由 IDG 资本领投，赛富基金继 A 轮投资后再次追投。此次融资后，中粮集团仍然是我买网最大股东。2014 年我买网预计销售额为 20 亿元，目前尚未实现盈利，且上市仍无时间表。我买网采取"中粮集团"、"我买网"双品牌运营模式，主要经营粮油、食品、水果蔬菜等，还经营其他产品，如表 6-1 所示。

表6-1 "我买网"经营产品

粮油米面	海外直采	生鲜水产	水果蔬菜	茶叶	母婴产品
进口食品	厨房调味	果汁饮料	冲调品	酒（我买酒）	奶制品
休闲方便食品	饼干蛋糕	个人护理	美容美妆	家居用品	厨具用品
家纺床品	内衣配饰	家用电器	运动办公		

（四）天津粮油商品交易所

2014年5月9日，天津粮油商品交易所推出了一种崭新的"OPO"电商模式——"找粮网"。这种模式基于绿色产品库，延伸出"委托买"、"微顾问"、"微行情"、"微金融"等新服务。"委托买"是为中小粮油店及超市量身打造的特色服务，基于"永远免费帮买家找到最具性价比的粮油产品"的原则，通过"找粮网"庞大的产品库及粮油企业大数据平台，将小订单汇集成大订单，提高买家的议价能力，为买家提供精准的交易信息及价值帮助。

（五）在淘宝网上开"吉林大米馆"

2014年，吉林东福米业、梅河大米公司和柳河国信米业8家企业入驻淘宝"吉林大米馆"，2014年网上销售小包装大米超过10万件，共销售大米510吨，销量居全网大米之首。吉林省政府与阿里巴巴签订战略合作协议，合作销售吉林大米。通过参与淘宝"挑食吉林鲜米"等活动，吉林大米一跃升至淘宝大米网页首页，吉林大米"营养、好吃、更安全"的整体形象得到充分展示，品牌影响得到快速提升。在2014年9月淘宝网组织的5省6款大米"秋收新米香"促销活动中，吉林大米（东福有机稻花香）劲销1.2万单，名列第一（黑龙江五常大米以5700单排名第二）。

（六）苏州粮食批发交易市场"良粮网"上线

2015年1月，苏州市粮食批发交易市场的"良粮网"上线，涵盖门户网站、交易管理、电子结算管理、会员体系等相关子系统。该电商系统除了为粮食经营单位提供了储备粮轮换、大宗粮食及农产品采购与销售的交易平台外，还在城乡居民与批发市场之间架起了一座桥梁——当地百姓只要上网点击鼠标，就能浏览市场"良粮网"的最新消息，看到经济实惠的产品、优质的品牌产品，选购到自己需要的放心粮油产品。

（七）盛华宏林粮油批发市场的"盛华宏林购"上线

2015年4月，盛华宏林购上线试运行，10月11日正式上线采取"网上网下一个市场、网上网下一个商铺、网上网下一个商品、网上网下同一个价格"的模式，近期目的是实现粮油、农产品产销对接，实现农产品的产、供、销一体化的交易。远期目标是建设跨行业的全国性的电子交易平台、电子商铺，实行网上交易，扩大市场店铺的商品销售，最终打造成一个服务于全国各类大型批发市场和专业市场的 O2O 模式。

（八）杂粮电商平台——饭中有豆上线

2015 年 8 月 23 日，山西首家杂粮电商平台——"饭中有豆"在忻州市上线，近几年来忻州被授予"中国杂粮之都"称号，平台围绕家庭厨房服务为核心，开通了 PC 端、手机端、微信商城等多种网上入口，其主要内容有产地直供、精品馆、团购、今日特惠、健康饮食、供求信息、健康论坛等模块，发布特色小米、特色杂粮豆、石磨杂粮纯粉、杂粮面条、土特产、大米、小麦面粉、食用油八大系列 100 多个品种。"饭中有豆"目前体验店已开通忻府区、保德、代县 3 个区域，下一步将开通忻州市其他区域，最终实现全国 1000 个体验店的目标。

（九）中米网及其中国大米产业联盟

2015 年 7 月 17 日，"2015 年东北稻米产业营销高峰论坛"在黑龙江哈尔滨召开，同期举办了中国电子商务协会东北稻米产业电子商务联盟揭牌仪式。与会专家和近 200 家企业代表围绕如何通过"互联网＋大米"，实现东北大米营销模式升级和"瓶颈"破解进行了深入的探讨，并宣布组建电子商务联盟。

（十）长春市打造"大米白金城"

长春市农产品电子商务交易平台 2014 年正式上线运营，打造与"汽车城"、"电影城"相并列的"白金城"（长春松花江大米）。

此外，2015 年 5 月 1 日，晋中"四农宝"农粮电子交易系统正式上线，8.7 万农户上网卖粮。

二、粮油加工领域电子商务模式创新

目前，大多数粮油加工企业主要通过第三方电子商务平台进行产品的交易。因为自建电子交易平台需要大批资金，对于绝大多数中小粮油加工企业来说不易成功。

（一）京粮"点到网"

北京粮食集团于 2011 年投资上线的食品类 B2B 电子商务网站"点到网"，2014 年"双十一"当天，销售额达 500 多万元。主要产品为米面、粮油、食品、酒饮等，打破以往传统商超模式。同时，也促进新产品快速上市，保证新产品的成功率。依托京粮集团的研发能力，"点到网"也推出了众多特色产品，如冷冻面团、特色进口食品等，用微波炉稍微加热即可进食，方便快捷。因为地处北京，网站内部还做了一个专属频道，叫作"北京味道"，全面服务北京市民，维护北京市场。除点到网以外其他线上商城包括京粮食品专营店淘宝商城和京粮商务网。

（二）金龙鱼在知名平台上开设旗舰店

金龙鱼进军电商起步晚，不是自建平台，而是采用与1号店、易迅、京东商城等合作的方式，目前在几大电商的粮油份额与实体店份额比较接近。此外，由于豆油等中低端产品进行线上售卖的利润薄，目前阶段金龙鱼主要瞄准中高端产品，如橄榄油等。2013开通了淘宝旗舰店，发挥传统渠道优势，进展比较顺利。但由于供销体系和传统供销体系需要磨合，为了平衡电商和传统渠道的差异，金龙鱼下一步将朝着"定制化"方向发展，对其定制化产品、规模、组合，最终把优惠回馈给消费者。

（三）西安爱菊粮油"电商＋店商"O2O模式

2014年9月22日，西安爱菊粮油集团全面启动社区电子商务项目——"电商＋店商"O2O模式，依托西安市700多个连锁网点，按照"预约订货、就近取货、验货付款、买退自由"的原则，消费者可以通过网站、手机、预约机和电话订货的方式任意选择爱菊放心产品，订单下达后，客服中心将根据预定时间分两个时间段安排配送。爱菊集团进入电商以爱菊系列米、面、油、主食、豆制品作为核心产品，并以全国各地的名牌副食产品作为补充。

（四）恒大粮油自营平台与第三方平台"双运行"

（1）自营平台。2015年4月15日，恒大粮油产品分别在自营平台恒优米App、恒优米官方商城、京东商城、天猫、我买网五大电商平台实现全面上线，构建起了传统渠道、商超渠道与电子渠道的立体化的恒大粮油销售体系。

（2）依托第三方平台。恒大粮油在第三方电商平台天猫、京东商城、我买网建旗舰店，起到互为补充、最大化整合资源的重要作用。更重要的是，第三方电商平台的成熟运作模式、丰富"实战"经验，对恒大粮油着力打造的自营电子销售服务平台——"恒优米"能够起到积极的借鉴作用。

（五）易粮网——第一家成品粮B2B交易平台

易粮网是大连粮食批发市场基础上建设的第一家成品粮B2B交易平台，它将采购方用户与加工厂、仓库三方通过平台连接起来，然后引入农业发展银行，形成第三方结算关系，如图6-1所示。

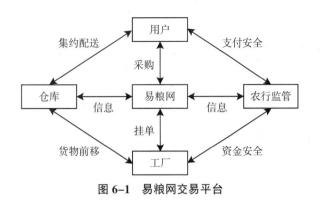

图 6-1　易粮网交易平台

三、网上支付手段不断升级

粮食作为大宗商品，交易额往往比较大，对资金的安全性、到账速度等要求比普通商品贸易更高，因此解决大额支付问题是中国粮食电子商务发展不可回避的问题。粮食电子交易市场发展至今，所采取的支付手段经历了从传统的汇票支付到最新的银商通道支付的发展历程。作为电子商务的核心环节，网上支付随着粮食电子商务平台的发展不断优化升级，传统网银这种落后的资金渠道已跟不上现阶段电子商务奔跑速度，银行和第三方支付机构"快捷支付"的方式应运而生，弥补了网银的不足。未来第三方支付将是促进中国网上支付完善和发展的主要途径和必然趋势，成为粮食电子商务发展的助推器。

如西安爱菊进入电商后，与电信天翼、拉卡拉进行合作，推行"预约订货、就近取货、验货付款、买退自由"的销售模式，消费者可通过网站、手机、预约机和人工预订等任意选购爱菊产品。

四、移动商务成为粮食电子商务趋势

随着移动通信技术、互联网技术和信息处理技术的快速发展，人们已经不再满足于传统的电子商务活动，而是更加迫切地希望能够随时随地地进行各种商务活动，移动电子商务作为一种新型的电子商务方式，利用了移动无线网络的优点，具有不受时间、地点、空间限制，以及灵活、简单、方便等特点，能显著提高电子商务效率，大大节省客户交易时间。2014 年我国手机用户达到 12.86 亿户，智能手机成为助力电子商务发展的一个重要因素。各类粮食电子商务平台也紧随时代发展，推出手机客户端、微信公共号等服务，实现粮油咨询实时推送、各类信息自由订制、随时查询。通过利用移动设备的扫描特征、图像、语音识别特征、感应特征、地理化、GPS 的特征，还将逐步实现移动端在线交易等更加智能的移动电子商务服务。

五、网络金融满足粮食电子商务需求

网络融资模式是利用互联网技术、电子商务与银行业务管理系统结合的产物，目前已经成为我国电子商务行业发展的标志性业务，对我国电子商务业务尤其是 B2B 大宗商品网上交易的支撑作用效果明显，有效解决了长期以来粮食市场电子交易融资"瓶颈"问题，助力粮食电子商务的快速发展。

2015 年 1 月 9 日，中华粮网完成了粮食行业的第一笔网络融资贷款服务，授信总额度为 3000 万元，首次投放金额为 500 万元，实现了全国粮食行业网络银行业务的新突破。

2015 年，地大物博公司全面推出农产品交易＋互联网金融扶持计划，向农产品的供应商、分销商提供全方位的交易担保、保险、授信、支付结算、理财、投融资等金融增值服务，同时，9 月将正式上线技术领先、功能强大便捷的农产品 B2B 大型在线交易服务平台，为交易双方提供全方位的线上线下综合保障服务，创新我国农产品大流通的新模式。

六、"三网融合"＋物联网成为粮食电商行业发展新趋势

随着"三网融合"＋物联网，手机下单、手机销售、手机采购、手机管理、手机发布、手机交流、手机寻找物流都将会实现，并成为一种趋势。智能粮食预订单、智能粮食交易、智能粮食市场、智能粮食支付、智能粮食通关、智能粮食物流、智能粮食仓配一体化、智能快递都将成为发展趋势。随着"三网融合"＋物联网，移动商务在新一代电商发挥越来越大的作用，微博、微信、微店"三微"营销，也会促进粮食电商进入一个精准营销新阶段。

一些粮油加工企业广泛开展了微信营销，开设微信公众号，将其作为一个展示公司形象与品牌的平台，除了向消费者推送一些了解大米品质的文章外，适时地推广公司的新品。

未来农产品电商发展趋势将由平台型主导，因其商品品类多，交易规模大，服务能力较强（如结算、物流、标准化、信用等），平台越强其获得的交易能力越强，未来粮食行业 B2B 的平台将先"跑起来"。

七、国家政策不断出台，助力粮食电子商务发展

（一）《关于开展电子商务进农村综合示范的通知》

2014 年 7 月 24 日，财政部、商务部《关于开展电子商务进农村综合示范的通知》，在河北、黑龙江、江苏、安徽、江西、河南、湖北、四川进行综合示范，即在 8 省 56 个县开展电子商务进农村综合示范，建立适应农村电子商务发展需要的支撑服务体系，发展与电子交易、网上购物、在线支付协同发展的物流配送服务。2015 年发展到 26 个省市的 200 个综合试点县，投入财政资金总额 37 亿元。

（二）李克强总理阐述我国农业政策和粮食安全

2014 年 10 月 15 日，李克强总理访问了联合国粮农组织总部，并发表演讲，中国改革开放从农村开始，30 多年来，中国粮食产量由 3 亿多吨增加到了 6 亿多吨，成功解决了人们基本的温饱问题。以约占世界 9% 的土地和约占全世界人均 1/3 的淡水，养活了全世界约 20% 的人口。

中国还要进一步促进农业高效集约发展。加强生态保护与建设，实施好退耕还林、天然林保护、防沙治沙、水土保持、草原治理等工程，支持农民改良土壤、减少污染、大规模建设高标准农田。通过努力，促进农业资源的永续利用，既满足当代人需要，也为子孙后代留下良田沃土、碧水蓝天。

（三）2015 中央"一号文件"

2015 年 2 月 1 日，中共中央、国务院颁布了《关于加大改革创新力度加快农业现代化建设的若干意见》，提出创新农产品流通方式，"发展农产品期货交易，开发农产品期货交易新品种。支持电商、物流、商贸、金融等企业参与涉农电子商务平台建设。开展电子商务进农村综合示范"。

（四）网上卖食品要先领证，无证经营最高罚 3 万元

2015 年 8 月，国家食药监总局发布《网络食品经营监督管理办法（征求意见稿）》，根据这份意见稿，网络食品经营者须取得食品经营许可或者备案凭证，这意味着淘宝、朋友圈上卖食品的商家也要办证备案了。

第三节　粮食电子商务主要面临的安全问题

粮食电子商务安全是一个系统的概念，不仅与计算机信息网络系统有关，还与粮食电子商务应用的环境、粮食电子商务参与者的素质和社会环境有关。它是物理安全、网络安全、数据安全、信息内容安全、信息基础设施安全与公共及国家信息安全的总和。

一、粮食电子商务安全突出问题

（一）粮食电子商务信息安全问题

如果信息被非法窃取或泄露可能给粮食交易市场、粮食企业等带来严重的后果和巨大的经济损失。如果不能及时得到准确、完备的信息，粮食交易市场、粮食企业就无法对交易进行正确的分析和判断，无法做出符合理性的决策。非法删除交易信息和交易信息丢失可能导致经济纠纷，给交易的一方或多方造成经济损失。

最常见的信息风险是信息的非法窃取和泄露，它往往引起连锁反应，形成后续风险，典型表现是网络欺诈，不仅使粮食交易主体在经济上蒙受重大损失，更重要的是可能会使人们对粮食电子商务这种新的经济形式失去信心。

（二）粮食电子商务交易安全问题

粮食电子商务交易安全是指粮食电子商务交易过程中存在的各种不安全因素，包括交易的确认、货品和服务的提供、货品和服务的质量、货款的支付等方面的安全问题。

与粮食行业传统的线下交易不同，电子商务具有自己的特点：市场松散化、主体虚拟化、交易网络化、货币电子化、结算瞬时化等。这使得粮食电子商务的交易风险表现出新的特点，出现新的形式，并且被放大。

（三）粮食电子商务资金安全问题

粮食电子商务资金安全是指由于各种原因造成粮食电子商务参与者面临的资金等经济利益风险。资金安全往往是粮食电子商务安全问题的最终形式，也是粮食电子商务信息安全问题和粮食电子商务交易安全问题的后果。

粮食电子商务资金安全问题主要表现为财产损失和其他经济损失，财产损失如客户的银行资金被盗；交易者被冒名，其资金被窃取等，其他经济损失如信息的泄露、丢失，使粮食企业的信誉受损，经济遭受损失；遭受网络攻击或故障，企业电子商务系统效率下降甚至瘫痪等。

二、粮食电子商务安全问题的来源

（一）硬件层面

粮食电子商务的基础是网络，而网络的物理支撑是各种硬件设施，这些硬件设施会由于各种原因带来安全风险。原因包括设备故障、人为因素、自然灾害等。硬件安全问题虽然发生的概率不大，但是一旦发生，其影响巨大。

（二）软件层面

网络不仅需要硬件，更需要软件，各种系统软件、应用软件是网络运行所必需的，是粮食电子商务的另一个支撑点。由于技术和人为的原因，各种软件不可避免地存在各种设计的缺陷和漏洞，而且由于软件的多样性和复杂性，在配备、使用中也会有各种问题，导致电子商务系统中存在技术误差和安全漏洞。

（三）应用层面

1. 企业管理水平低，人员素质不高

粮食电子商务在近几年才得到了迅猛发展，各地都缺乏足够的技术人才来处理所遇到的各种问题，许多企业技术人员的技术水平较低，不能完全胜任所承担的工作。同时，企业对电子商务的管理也处于一个摸索的阶段，管理的水平不高，效率低下。这些都给粮食电子商务带来很大的安全隐患。其中包括交易流程管理风险、人员管理风险、网络交易技术管理漏洞的交易风险、网络管理制度漏洞风险等。

2. 交易客户电子商务知识贫乏，安全意识不高

从总体上看，粮食行业客户对于电子商务这个新生事物还比较陌生，缺乏相应的知识，还不能十分熟练地应用这一新的交易手段，造成各种人为的安全威胁。例如，有的交易客户安全意识淡薄，不注意保护自己的密码等关键信息，容易导致资金被盗、冒名交易等；有的客户对信息判断能力差，容易上当受骗；有的客户对网络交易的流程缺乏了解，容易导致操作失误等。

3. 相关法律法规不健全

粮食属于大宗商品，粮食电子商务也是大宗商品电子交易的一部分。大宗商品电子交易市场的建设不仅可以促进现货流通，还可以形成定价中心，进而带动金融、物流等行业的发展，激发了各地政府极大的热情，近年来呈现了蓬勃发展的态势。然而，由于利益的驱使和监管的缺失，在发展过程中也暴露出一些风险问题，如"桂糖事件"、"金乡大蒜"等风险事件，折射出电子交易市场存在着交易规则随意修改、无法与现

货市场对接、投机资金操纵价格等问题，饱受"变相期货"的指责，严重影响了中国电子商务市场的健康发展，其中的原因是多方面的，但是相关法律、法规、行业规范和标准的严重滞后也是最重要的原因之一。现有的《大宗商品电子交易规范》，也仅属于技术管理文件，未被强制推行。由于无法可依，使得一些不规范的电子交易市场及业内投机钻营分子，利用法律漏洞，游走于政策边缘牟取暴利。

2011年11月18日，《国务院关于清理整顿各类交易场所切实防范金融风险的决定》［国发38号文］下发。2012年7月12日，《国务院办公厅关于清理整顿各类交易市场的实施意见》［国发办37号］下发。两份文件明确了各类交易场所清理整顿的政策界限和措施，引发交易场所的清理整顿风暴。2013年11月8日，《商品现货市场交易特别规定（试行)》发布，该规定自2014年1月1日起正式实施。上述政策法规实施以后，各省地市关于各类交易场所的清理整顿工作取得一定成效，但部分以电子商务名义采用集中交易方式开展标准化合约交易的公司仍存在违法违规现象。

4. 监管主体不明确，监管缺失

粮食电子商务在发展的过程中，也同样面临监管主体不明确、缺乏行业管理机构、监管不力等问题，进而导致交易平台良莠不齐、交易行为不规范、违法违规问题的出现。

5. 粮食质量监督信息系统建设不完善

国家虽针对各种粮食品种都制定了较为详细的质量标准，但由于粮食这种特殊商品受环境影响较大，不同的温度、湿度条件下或者不同时间的质检结果会有很大差别，在具体操作时，可能存在主观性强、可操作性差、争议性大等缺点，一旦交易双方出现标的物质量分歧，双方很难达成一致意见，从而增加了粮食质量监督的难度。

6. 监督处罚机制不到位

粮食电子商务虽已发展17年，但有部分粮食承储企业经营理念尚未转变，粮食虽然进入了市场进行交易，但在粮食实际交割中还存在刁难购粮客商的行为，需要客户在交易前先与卖方协商好相关事宜，才能去竞拍，不然即使拍得粮了，提货却很难，这就造成外地客商不愿跨地区拍粮。

第四节　2014年我国粮食电子商务安全评估

总体来看，2014年粮食电子商务处于比较安全的阶段。各类粮食批发市场与各类粮食电子交易平台在发展过程中借鉴其他大宗商品（如钢铁、化工等）电子交易平台的经验，不断升级软、硬件设备，完善交易制度，一定程度上有效规避了风险。

一、电子商务技术相对成熟

目前，我国互联网发展迅速，电子商务安全技术相对成熟，加密技术、安全认证技术、安全交易协议技术和防火墙技术是粮食电子商务交易过程中常见的安全技术。成熟的技术加上不断完善的安全管理制度、硬件加密和物理保护、安全监听监控系统和防病毒软件等，实现粮食电子商务交易数据的机密性、完整性和不可否认性。从技术层面来说，我国粮食电子商务比较安全。

二、政策粮交易占主要比例

我国从2004年起，逐步实行了稻谷和小麦的最低收购价政策，通过以最低收购价等方式集中一部分粮源，再以网上交易等电子化手段，使这些粮源在关键时刻能够快速投放市场，达到稳定粮食市场，进行粮食宏观调控的目的。由此，日趋形成以国家政策粮交易为主，个性化粮食电子商务为辅的粮食电子商务模式。国家和地方储备粮在批发市场竞价销售，政策干预性强，粮食价格相对稳定，在此层面上，我国粮食电子商务比较安全。

三、缺乏完善的信用体系

随着电子商务交易活动广泛渗透到国民经济的各个行业，我国电子商务环境已经得到很大改善，但与欧美国家两百多年的信用体系相比，我国目前还缺乏成熟的信用制度支撑粮食电子商务的发展。从粮食电子交易的整个流程看，信息、交易、支付、物流的各个环节都存在信用风险，每个交易对象也有信用风险存在。粮食行业各类经营主体，虽积极参与粮食网上交易，但由于电子商务虚拟市场的特点，容易造成合同违约、交易欺诈、交易主体互不信任等状况，90%的企业仍处于电子商务的基本阶段——信息发布阶段，很多企业是用"线上交流，线下交易"的方式完成订单，并没有真正地体现电子商务带来的价值。必须建立起完善的粮食电子商务信用体系，才能有效规避电子交易带来的风险，规范交易行为。

四、粮食网络融资存在多重风险

网络融资在解决粮食企业资金问题上发挥了巨大作用，但由于这种信贷业务市场发育时间短，加上电子交易平台的引入所带来的新的变化，使得这种模式在价格、货物监管、企业恶意诈骗等方面存在多重风险，如粮食价格波动导致的融资企业经营困难，质押的资产价值下跌导致的贷款质量恶化；仓单来自虚假或被恶意夸大的贸易；货物的"空转"；等等。而由于网络金融平台的特殊地位，目前尚未出台专门的法律法规

进行监管，电子商务平台的活动始终处于法律的边缘，因此难以避免由监管缺失引发的风险。

五、粮食中远期电子交易市场仍需加强监管

在流动性过剩的大背景下，出于保值避险的需求，大量资金流入了农产品交易市场，粮食等农产品在金融资本的操控之下，表现出了较强的金融属性，但是粮食电子交易市场在飞速发展的同时，所存在的一些风险问题也开始暴露，"电子市场"变成"投机市场"，"变相期货"问题一直影响着市场的健康发展。粮食电子交易市场的中远期交易，是在电子商务基础上衍生出来的准金融业务模式，目前也存在监管主体模糊，职责分工不明确的问题，必须通过加强监管、规范交易规则、完善交易模式来防控粮食中远期电子交易风险。

第五节　粮食电子商务安全对策

一、建立完善的粮食行业信用体系

建立信用体系作为完善市场经济体系的一项重要内容，逐渐得到了更多部

门和企业的关注。各地都逐步出台了一些关于信用体系建设的法律和规范。这些法规的先后出台，提出了依法披露、合法征集、信用服务、失信惩戒、信用管理等推动以中小企业为主体的社会信

用体系建设的一系列设想和指导意见，在政府立法规范信用征信领域做了一些探索。在粮食行业的信用方面，除存在一些粮油食品不安全的问题外，普遍存在信用意识淡薄、信用管理缺失的情况，合同违约、债务拖欠等失信行为也比较突出。建立完善的粮食行业信用体系，首先，需要粮食电子商务网站加强诚信宣传力度，树立信用消费习惯；其次，加强网络监督，及时有效地解决网络投诉；最后，建立和完善企业的信用评价和监管机制，建立信用奖惩制度，加大失信风险，为粮食电子商务营造良好的诚信环境。

二、建设完善的粮食电子商务法律体系

必须尽快制定专门规范粮食电子交易的法律法规，弥补交易行为、内部风险控制和交易机制的法律监管缺位，使此交易市场的设立、运行和管理等均有法可依。针对当前粮食电子交易中存在的问题，更加明确交易活动中当事人的权利和义务。主管部门、各地方政府和行业学会共同履行监管职责——规范、指导、服务、发展。一方面加强政府对粮食电子交易市场的监管，明确监管机构，解决无管理主题的问题；另一方面建立较为严格的核准制，提高市场的准入门槛，实行严格的市场准入管理。只有通过制定专门的法律规范并切实有效地实施，才能为粮食电子交易市场的正常运行提供法律保障，才能有利于防范市场交易风险，促进我国粮食电子商务的健康发展。

三、成立粮食电子商务协会，加强行业监管

在粮食电子商务领域成立行业协会，加强行业监管也是解决和处理风险问题的有效途径。成立粮食电子商务行业协会，可以增强行业的自律，规范会员职业行为，提高会员商业道德，维护行业规范有序、公平竞争的发展环境。同时，可以通过行业协会加强行业监管，组织对交易市场的运作进行审核，对交易商的资质、背景进行调查和了解，防止无行业背景的企业与个人进入市场，防止曾经引起过重大风险问题的经营管理人员与交易商再次进入市场，这对规范市场运作、抑制过度投机将会起到良好的作用。

四、通过技术手段，加强网络安全、交易安全

目前，电子商务的安全性已是当前人们普遍关注的焦点，信息网络安全领

域是一个综合、交叉的学科领域，它综合利用了数学、物理、生化信息技术和计算机技术的诸多学科的长期积累和最新发展成果，需要提出系统的、完整的和协同的解决信息网络安全的方案，从安全体系结构、安全协议、现代密码理论、信息分析和监控以及信息安全系统五个方面开展研究，使各部分相互协同，形成有机整体。利用防火墙技术、VPN 技术、网络反病毒技术等保障粮食电子商务网络安全，利用加密技术、认证技术、CA 中心等手段加强粮食电子商务交易安全。通过大数据对实时安全和商务数据结合在一起的数据进行预防性分析，识别钓鱼网站攻击，防止诈骗，阻止黑客入侵；应用云计算，将数据存储在云端，由云计算服务提供商提供专业、高效和安全的数据存储，从而不必再担心由于各种安全问题导致数据丢失。

五、加速粮食电子商务人才的培养

为确保粮食电子商务市场的顺利发展，要加强电子商务相关知识的宣传与培训，培养一批合格的市场参与者。优秀的粮食电子商务人才应该既具备行业背景，又懂得金融、管理知识，还必须要有良好的职业道德和操守。国家、相关行业及交易中心应该共同努力，加强

人才创新奖励和人才激励制度，为粮食电子商务建设不断注入活力。

六、完善现代化的粮食物流体系

目前我国物流业的总体水平仍然偏低，还存在一些突出问题。全社会物流进行效率偏低，社会单位 GDP 的物流费偏高，专业化物流供给能力不足，物流基础设施能力不足，物流市场不够规范，物流技术、人才培养和物流标准还不能完全满足需要，物流服务的组织化和集约化程度不高等。

2014 年 10 月 4 日，国务院颁布的《物流业发展中长期规划（2014~2020年)》提出，到 2020 年基本建立现代物流服务体系，提升物流业标准化、信息化、智能化、集约化水平，提高经济整体运行效率和效益。《中长期规划》提出了农产品物流、制造业物流与供应链管理、再生资源回收物流等 12 项重点工程。

2015 年 8 月 3 日，国家发展改革委颁布了《关于加快实施现代物流重大工程的通知》，提出了：①多式联运工程；②物流园区工程；③农产品物流工程（重点是建设大宗鲜活农产品产地预冷、冷藏保鲜、冷链运输等设施）；④制造业物流与供应链管理工程；⑤资源型产品物流工程；⑥城乡物流配送工程；⑦电

子商务物流工程；⑧物流标准化工程；⑨物流信息平台工程；⑩应急物流工程。

粮食电子商务采用实物交割形式，通过完善现代化物流体系，基于物联网、云计算、定位、地理信息等技术，整合公路、水路、铁路运输等部门的基础物流信息，研究建立统一采集指标、统一编码规则、统一传输格式、统一接口规范、统一追溯规程的全国和区域粮食物流公共信息平台，能够提高交割完成的效率，降低运输成本，缩短买卖双方交易时间，有助于粮食电子商务优势的发挥。

参考文献

［1］刘静.我国农产品电子商务发展现状及其对策研究［D］.武汉：华中师范大学硕士学位论文，2014.

［2］袁森.电子商务安全技术综述［J］.软件导刊，2009.

［3］殷凤琴，赵喜清，王新钢.我国电子商务安全问题的表现来源和对策［R］.2011.

［4］王世波.我国大宗商品电子交易市场监管问题研究［D］.天津：天津工业大学硕士学位论文，2011.

［5］程宴，雷杨.网络安全技术研究［J］.计算机与数字工程，2008（5）.

［6］闫俊宏.供应链金融融资模式及其信用风险管理研究［D］.西安：西北工业大学硕士学位论文，2007.

［7］新华网，http：//www.xinhuanet.com.

［8］中国政府网，http：//www.gov.cn.

［9］国务院.关于加大改革创新力度加快农业现代化建设的若干意见［Z］.2015.

［10］国家粮食局.大力推进粮食行业信息化发展的指导意见［Z］.2013.

［11］国家发展改革委.关于加快实施现代物流重大工程的通知［Z］.2015.

［12］"盛华宏林购"欲打造国内最大的粮油电子交易平台［EB/OL］.农特网，2015-04-13.

第七章 2014~2015 年我国粮食生产安全现状分析

第一节 2014 年我国粮食生产安全评估分析

一、2014 年我国粮食生产安全的现状分析

1. 2014 年我国粮食生产现状总体分析

2004 年以来，我国粮食产量持续增长，不断打破新的纪录，2014 年我国粮食产量实现了"十一连增"。2014 年是国家粮食安全新战略的开局之年，在粮食"十连增"的高起点上，2014 年的粮食"仓满库盈"，粮食产量 12142 亿斤，比 2013 年增加 516 万吨（103.2 亿斤），增长 0.9%。中国的粮食生产连续两年跨上 1.2 万亿斤的台阶，但是就目前我国粮食生产的情况来看，连续增产的背后依然隐藏着众多问题。

据统计，2014 年全国农作物的播种面积为 1.675 亿公顷，较上年增长 1.20%，农作物的面积增长对全年的农业生产产生明显的支持。其中，粮食的播种面积为 1.13 亿公顷，较上年增长 0.7%；预计粮食产量达到 6.07 亿吨，较上年增长 0.91%，粮食产量连续 11 年增长。夏粮产量增长，西部、西南和黑龙江单产提升，尤其是黑龙江的粮食播种面积和单产对产量增长的影响，超过河南、辽宁、吉林和内蒙古旱灾地区的不利影响，内蒙古、吉林和安徽实际秋粮的播种面积低于预期，最终产量也低于预期水平。

2. 2014 年我国主要粮食品种生产现状分析

（1）2014 年我国稻米生产现状分析——稻谷恢复增产，农户收益增加。

根据国家统计局发布数据显示，2014 年我国稻谷生产总量达 20642.7 万

吨，较 2013 年增加 313.7 万吨，产量连续 4 年站稳在 2 亿吨之上。种植面积 30309.2 千公顷，较 2013 年减少 122.8 千公顷（见图 7-1）。分稻种来看，早籼稻产量 3401 万吨，较上年减产 12.5 万吨。中晚稻产量 17241 万吨，较上年增产 326.2 万吨。

综合农业部门及相关机构调研测算，2014 年农户稻谷亩均种植收益较上年增长，其中生产成本支出基本持平，售粮收入明显增加。

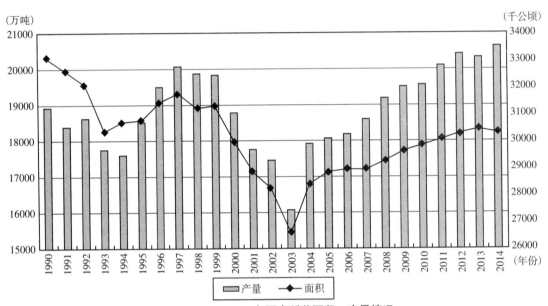

图 7-1　1990~2014 年国内稻谷面积、产量情况

资料来源：历年《中国统计年鉴》，国家统计局。

（2）2014 年我国小麦生产现状分析——小麦丰产增质，种植收益提升。

回顾 2014 年，我国小麦产量创纪录地实现"十一连增"，总产量达到 1.26 亿吨，产量继续增加的同时，小麦品质也较 2013 年有显著提升。

据国家统计局发布的 2014 年粮食产量公告，2014 年我国小麦产量高位爬坡，连续 11 年增产，实现产量 12617.1 万吨，较 2013 年增加 404.5 万吨，增幅 3.5%；小麦播种面积 24064 千公顷，较

上年减少 76 千公顷。2014 年，我国冬小麦产量继续增长，达 11989.9 万吨，较 2013 年增加 423 万吨。

2014 年小麦整体品质较 2013 年明显好转，主要体现在容重高、不完善粒降低、千粒重增加、三等以上小麦占比提升等几个方面。

促成 2014 年小麦品质提升有四个主要原因：一是冬小麦生长期间气候条件良好；二是降水足量且及时；三是在小麦生长期有效控制病虫害发生；四是小

麦收割期间大部分地区天气晴好，有利于小麦及时收割晾晒，不完善粒也较往年大幅减少。

种植成本方面，据实地走访调研，若不计算人工费用及土地成本，2014 年主产区小麦种植成本为 440~480 元/亩，较 2013 年下降约 40 元/亩，其中化肥、农药、灌溉支出有不同幅度减少，但种子成本有所增加。

种植收益上，两方面因素促使种植

农户亩均收入显著提升：一方面，国家将小麦最低收购价从 2013 年的 1.14 元/斤提高到 1.18 元/斤；另一方面，冬小麦单产提高、质量提升，使得农户的售粮价格及每亩收入都相应提升。总体而言，2014 年小麦种植成本减少，收益增加，种粮农户的亩均收益较 2013 年显著提升。

（3）2014 年我国玉米生产现状分析。

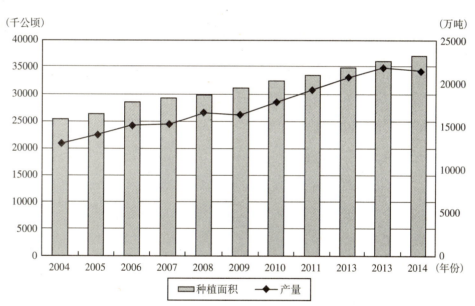

图 7-2 2004~2014 年国内玉米种植面积和产量

2014 年，国内玉米在种植阶段局部遭遇干旱天气影响，由于灌溉条件不同，使得不同区域作物生长影响程度也不同。总体来看，单产和总产都有所下降，但是总产量仍然保持在 2 亿吨水平线以上，玉米的整体供需面仍较为宽松。

2014 年，国家继续执行强农惠农政策，由于种植收益相对较好，主产区农

户种植玉米积极性较高。根据国家统计局 2014 年 12 月 4 日发布的年粮食产量公告，2014 年全国玉米播种面积为 3707.6 万公顷，较上年增加 75.7 万公顷，增幅 2.1%。临时存储托市收购，继续支撑东北地区玉米面积攀升，而华北黄淮地区棉花面积下降，部分棉花转种玉米，也提高了玉米种植面积。

2014 年，国内部分玉米主产区的气候条件不利于生产，7 月下旬在作物生长和产量形成的关键期，华北、东北局部地区出现严重旱情，造成了部分地区玉米减产或者绝收。国家统计局统计数据显示，2014 年全国玉米每公顷产量达到 5.817 吨，较上年减少 199 公斤/公顷，减幅 3.3%；2014 年全国玉米产量 21567.3 万吨，较上年减少 281.6 万吨，减幅 1.3%。

2014 年，国内农药、化肥价格略降，人工费用上涨，租地费用基本维持不变。

在受旱严重的区域，种植户增加了灌溉费用。平均看，不考虑租地费用，东北地区玉米种植成本在 700~800 元/亩，华北地区则为 650~700 元/亩，均较上一年度小幅提升。

（4）2014 年我国大豆生产现状分析——大豆产量小幅下滑。

2014 年我国大豆生产整体延续种植面积、产量下滑的趋势。国家粮油信息中心 2014 年 12 月预测，2014 年我国大豆播种面积为 660 万公顷，同比下降 2.81%；平均单产为 1.79 吨/公顷，同比上升 1.59%；总产量为 1180 万吨，同比下降 1.26%。

2014 年全国大豆种植面积继续下滑，继续刷新自 1980 年有统计数据以来的新低，主要原因是与玉米、稻谷相比，大豆的种植效益明显偏低，导致大豆在争地关系中失利，种植面积自 2010 年开始连续 4 年缩减。

二、2014 年我国粮食生产安全的问题及原因分析

12 年来，我国粮食连续增产，谷物的自给率接近 98%，取得了来之不易的成绩，但同时也要看到，我国的粮食安全面临着许多复杂而深刻的问题，其中有很多是随着经济发展而产生的新问题、新挑战，需要我们审慎研究。

（1）粮食持续增产的长效机制尚未建立。

改革开放以来，我国粮食产量呈现长期增长并伴随有一定的周期性波动。2014 年，虽然我国粮食产量实现了"十一连增"，但粮食增产基础不牢固，脆弱性突出，农业增产靠天靠化肥农药的局面未得到根本改变，农业增产增效的长期机制还没有完全建立，抗灾能力比较薄弱。由于长期投入不足，我国农田水利等基础设施普遍建设滞后，目前我国有效灌溉面积仅占全国耕地面积的 45% 左右，全国仍有 9 亿多亩耕地没有灌溉条件。而水资源缺乏将成为 21 世纪中国农业的最大威胁，2005 年农田干旱面积为 5.82 亿亩，2007 年达到 7.35 亿亩，粮食生产的基础脆弱性突出。粮

食增产对播种面积的依赖性仍然很强，粮食单产贡献仍然偏低。这说明我国农业科技整体水平与发达国家相比仍存在较大差距，科技贡献率虽然已经提高到50%左右，但仍比发达国家低20多个百分点；灌溉用水的有效利用率仅为30%~40%，而发达国家超过70%，我国粮食产业发展的外延性依赖严重。

（2）资源环境约束进一步加剧。

从长期看，我国将存在三个方面的耕地压力。一是城市扩建、新城镇建设和交通发展等的直接占用。二是不断提高的生活水平和不断增加的城镇居民，对蔬菜、水果、花卉等经济作物日益增加的需求，与种粮争地。三是耕地有效耕层日渐变薄，土地质量严重降低。另外，水资源对粮食供给的制约问题日益突出。根据2011年《中国水资源公报》，我国人均水资源占有量仅为1726立方米，不足世界平均水平的1/4。加之20世纪90年代以来逐渐出现的粮食生产中心北移，无疑将进一步加剧粮食生产主产区缺水的矛盾。

（3）种粮比较效益持续偏低。

从事农业劳动的机会成本增加，大量的优质劳动力离开农村。种粮的比较收益远远低于种植经济作物和养殖业，迫使部分农民放弃粮食生产甚至退出种植业。农业劳动力的"三八六一九九部队"现象，显示了我国粮食生产的劳动力投入不仅面临着数量减少，而且面临着劳动者素质降低的双重问题。城镇化和工业化对土地的需求增加以及种植业内部的竞争，抬高了土地租金，增加了粮食生产的机会成本，成为影响农户种粮积极性的重要因素。2004年开始，财政"三农"投入总量不断增加，各项补贴规模不断扩大，增加了种粮农民的收益，激发了种粮积极性，但一旦政策支持强度减弱，或惠农政策不足以弥补市场波动给农民带来的效益损失时，粮食生产就可能会出现波动。

（4）宏观经济环境因素的不确定，以及外部经济政策环境对农业影响的不稳定。

2015年我国经济进入了新常态，也必然将产生很多新的现象和事件。20世纪80年代曾经异军突起、繁荣发展的乡镇企业，进入了90年代就已全军覆没，可见外部经济政策环境对农业经济的影响是不可低估的。

（5）中国当前粮食经营模式、经营方式和经营结构面临着调结构、扩规模、重新组合的新形势。

第二节 2015 年我国粮食生产安全评估的预测

一、2015 年我国粮食生产安全的分析

2015 年，面对复杂的国内外经济环境和不断加大的下行压力，党中央、国务院坚持稳中求进的工作总基调，科学精准实施宏观调控，坚定不移地推进体制改革与制度创新，国民经济运行处在合理区间，主要指标逐步回暖，呈现缓中趋稳、稳中有好的发展态势。

在农业生产方面形势较好，国家统计局根据对全国 26 个夏粮生产省、区、市的调查，2015 年全国夏粮播种面积、单位面积产量、总产量如下：[①]

（1）全国夏粮播种面积 27692.3 千公顷（41538.4 万亩），比 2014 年增加 110.7 千公顷（166.1 万亩），增长 0.4%。其中谷物播种面积 24057.4 千公顷（36086.1 万亩），比 2014 年增加 131.5 千公顷（197.3 万亩），增长 0.5%。

（2）全国夏粮单位面积产量 5094.0 公斤/公顷（339.6 公斤/亩），比 2014 年增加 141.6 公斤/公顷（9.4 公斤/亩），提高 2.9%。其中谷物单位面积产量 5412.4 公斤/公顷（360.8 公斤/亩），比 2014 年增加 145.6 公斤/公顷（9.7 公斤/亩），增长 2.8%。

（3）全国夏粮总产量 14106.6 万吨（2821.3 亿斤），比 2014 年增产 447.0 万吨（89.4 亿斤），增长 3.3%。其中谷物产量 13020.9 万吨（2604.2 亿斤），比 2014 年增加 419.5 万吨（83.9 亿斤），增长 3.3%。

二、2015 年我国粮食生产安全的预测

从当前粮食价格和农资价格变动的趋势来看，农户种粮的现金收入会有所提升，如果春播前粮食价格不继续下滑，而且国家给予适当的反周期农业生产直接补贴，对农业生产进行普遍的补贴，国内粮食生产仍有继续增长的可能，为 2015 年整体经济的增长提供良好的开局。

[①] 国家统计局关于 2015 年夏粮产量数据的公告［EB/OL］. 国家统计局，2015-07-15，http://www.stats.gov.cn/tjsj/zxfb/201507/t20150715_1214986.html.

按照历史的播种面积和单产的发展趋势，如果各级政府给予农业充裕的重视和足够的支持，2015 年中国粮食播种面积可能达到 1.134 亿公顷，单产达到 5527 公斤/公顷，总产达到 6.27 亿吨（见图 7-3）。

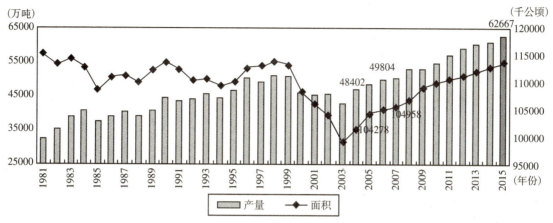

图 7-3　2015 年预计我国粮食播种面积和产量

1. 2015 年我国稻谷生产预测——惠农政策或促产量再增

受播种面积难以扩大、高产优质稻种推广任重道远等因素限制，2015 年我国稻谷产量或小幅稳步增长，预计 2015 年国内稻谷产量将在 20800 万~20900 万吨，较 2014 年增长 0.8%~1.2%。

分析来看，国家将在 2015 年继续推行一系列强农惠农政策，各项农业补贴、托市政策以及对产粮大县奖励等措施将及早出台，从多方面调动粮食生产积极性，促进粮食生产。预计将继续加大对主产区种植结构的调整，推进南方部分稻谷主产区"单改双"力度。同时，预计将加大对于优质杂交稻的推广，加强水稻集中育秧、病虫害防控等措施，这将有效促进稻谷单产水平进一步提升。

2. 2015 年我国小麦生产预测——播种面积略增或致产量继续提升

据农业部门信息，2014 年我国冬小麦播种面积 3.38 亿亩，较 2013 年略增。据不完全统计，2014 年秋冬种时期，河南省冬小麦播种面积 8107 万亩，较 2013 年增加 90 万亩；江苏省 3250 万亩，增加 10 万亩；山东省 5565 万亩，增加 70 万亩；安徽省 3665 万亩，增加 13 万亩；河北省 3451 万亩，减少 55 万亩；湖北襄阳 551 万亩，增加 3 万亩。

据中央气象台网站消息，2014 年末，冬麦主产区土壤相对湿度为 60%~90%，有助于冬小麦分蘖扎根，对壮苗形成有利；主要冬麦区气温偏高 2℃~4℃，有利于晚播弱苗升级转化。据 2014 年底调研情况汇总，西北地区大部、华北、黄淮大部和江汉地区冬小麦处于越冬期，黄淮西部部分地区、江淮和西南地区东部冬小麦处于分蘖期，各地冬小麦长势良好，群体适宜，一类苗与二类苗的比例与上年基本持平。但也应注意到，由于受厄尔尼诺气候影响，2014年入冬以来，北方降水偏少，冬春连旱发生概率增大，其中华北、黄淮部分地区浅层土壤已经出现轻度缺墒现象。

综合来看，由于冬小麦生长期较长，可逆性较好，加之管理配套较为成熟，若后期关键生长期不出现极端灾害性气候和暴发性病害，在"保证面积、促进单产"的引导措施下，2015年全国小麦产量将再上一个台阶，预计增幅可达2%~4%。

3. 2015年我国玉米生产预测——玉米产量创纪录增长

在国家一系列强农惠农政策、种植收益提高等支持下，2014年国内玉米播种面积继续增加，但增幅缩小。据统计局数据，2014年全国玉米播种面积5.56亿亩，比上年增加1137.15万亩，增幅2.09%。由于在玉米生长期间，华北、黄淮及东北等部分主产区遭受严重旱情，局部产量下降甚至绝收，影响了全国玉米总产量。

在政府收储政策刺激农民扩大玉米播种面积的背景下，据国家粮油信息中心（CNGOIC）发布的数据显示，2015/2016年度中国玉米产量预计达到创纪录的2.32亿吨，将比2014年提高7.6%。

4. 2015年我国大豆生产预测——难以走出产量继续下降的瓶颈

当前从2015年国产大豆播种情况来看，黑龙江大豆面积依然在减少，市场预估播种面积至少减少20%，局部地区甚至更多。安徽及河南地区因2014年大豆减产，部分田地甚至出现绝收，行情持续不佳，极大地挫伤了农户的种植积极性，预计两地大豆播种面积也会出现一定减少。湖北等地因早熟大豆比较受市场关注，近两年价格偏高，播种面积略有增加。

2015年大豆产量继续减少基本成为事实，国产大豆供应量减少的担忧一定程度上支撑了当前国产市场，在余粮少及分销大豆数量偏低的情况下，国产大豆弱势运行，预计在下游需求持续无改善的环境下，国产大豆难以走出"瓶颈"。

第三节　完善我国粮食生产安全的政策建议

从加快转变粮食生产方式的关键环节入手，重点加强事关粮食生产可持续发展全局和影响长远的战略构建。

一、加快粮食产业结构调整和种植业结构优化

因地制宜减少粮食种植面积，增加经济作物面积，减少玉米种植面积，增加水稻、大豆面积。重点发展高产优质水稻、加工专用型玉米、非转基因大豆、优质马铃薯、特色杂粮、特色经济作物。

二、持续提升粮食综合生产能力

大力推进农业科技进步，增强科技创新和储备能力，围绕提高单产，加快品种改良，推广实用技术。完善农业基础设施建设，加强中低产田改造和农田水利建设，提高土地资源和水资源的利用率，进一步提升粮食增产能力。根据区域特点和比较优势，调整和优化粮食生产区域布局和品种结构，提高粮食生产的集中度，培育有竞争力的粮食产业区。探索"休耕"和"轮作"制度。

三、注重资源高效利用与环境保护治理

加强农业环境保护，重点推广节约型技术，加大面源污染防治力度，改善农业生态环境。推进农产品产地土壤重金属普查与分级管理，建立预警机制，创新修复技术，探索农产品禁止生产区划分，建立禁产区补偿机制。开展农业面源污染定位监测，实施农村清洁工程，推进农村废弃物资源化利用，重点发展生态农业和能源生态工程，培育农村生态文化，提高农业生产资源利用率。

四、鼓励粮食新型经营体系创新

加快构建新型农业经营体系，推动承包土地经营权流转，发展多元化的规模经营，加快要素的市场取向改革，营造农业创业就业环境及积极引导工商企业进入农业。坚定不移地维护农民的土地承包权，积极稳妥推进土地流转。创新体制机制促进要素更多向农村流动，营造农业创业和就业的良好环境，建立农业职业经理人队伍。引导工商企业规

范有序进入现代农业，壮大社会化服务组织。

五、稳步探索粮食外向型发展

促进国内外粮食的互通有无、调剂余缺以及资源转换，充分利用国际和国内两个市场、两种资源，优化资源配置。加强政府间合作，与部分重要产粮国建立长期、稳定的农业合作关系，积极利用国际农产品市场和农业资源调节国内供需。加强进口农产品的规划指导，优化进口来源地布局，建立稳定可靠的进口粮源保障体系，提高保障国内粮食安全的能力。扩大农业对外直接投资规模，培育并支持具有国际竞争力的粮棉油等大型企业到境外特别是与周边国家开展互利共赢的农业生产和进出口合作。

参考文献

［1］2014年全国粮食生产情况分析［EB/OL］．食品商务网，http：//www.21food.cn/html/news/35/2243027.htm.

［2］2014年中国稻米市场分析［N］．粮油市场报，2015-02-26.

［3］2014年中国小麦市场分析［EB/OL］．中国小麦网，http：//www.xiaomai.cn/html/news/20150226/363917.html.

［4］2014年中国玉米市场分析［EB/OL］．中国粮油网，http：//www.grainnet.cn/news/detail-20150226-53190.html.

［5］2014年中国大豆及豆油市场分析［N］．粮油市场报，2015-02-28.

［6］我国粮食安全相关问题分析［EB/OL］．新华网，http：//news.xinhuanet.com/politics/2015-01/27/c_127427209_2.htm.

第八章 2014~2015 年我国粮食金融安全现状分析

粮食产业链由粮食产前—产中—产后、加工—流通—消费等环节构成，每个环节又涉及各自的相关子环节和不同的组织载体。粮食产业链中有诸多影响国家粮食安全的因素，只有通过整合粮食生产、流通、加工、消费等环节，优化产业链各环节，构建紧密型的粮食产业链，才能保障国家粮食安全。因此，我们提出，应该按照粮食生产、储藏、加工、流通、消费的过程，从"粮食产业链"的角度构建我国粮食金融安全体系。

需要指出的是，在粮食金融安全体系中，政策性金融（政策性银行、保险、担保等）应当发挥主导作用。与此同时，随着我国粮食市场经营主体多元化（国有、集体、民营、公私合营、外资等）进程的持续推进，我国粮食市场日益走向市场化，因此，在政策性金融发挥主导作用之外，还必须着力引导商业金融、合作金融支持我国粮食安全战略。

鉴于粮食安全的重大战略意义和粮食生产、运输、加工、储备等领域的多元化特征，应当确立"以政策性金融为主导，商业金融、合作金融为两翼"的发展思路，最终构建一个基于粮食产业链的多层次、广覆盖、竞争性的粮食金融安全体系，为粮食安全提供有力的金融支持和保障。

第一节 2014 年我国粮食金融安全的现状分析

在整个粮食金融安全体系中，农村金融体系占据主导地位，一方面，中国农业银行进行商业化改革撤离农村市场以后，农村信贷市场上主要由中国农业发展银行和农村信用合作社二分天下；另一方面，农业保险试点几经波折，农业担保等其他金融供给则几乎是一片空白。

近年来，围绕粮食安全问题，我国进行了大刀阔斧的农村金融体制改革，建立了以政策性银行（中国农业发展银行）、政策性保险为主体，以合作金融（农村信用社、农业合作银行）、商业金融（中国农业银行、邮政储蓄银行）、村镇银行等新型农村金融机构及农业担保体系为支撑的新型农村金融体系，初步构建了具有中国特色的粮食金融安全体系。①

一、我国政策性银行金融粮食安全的现状②

2014 年农业发展银行紧紧围绕保障国家粮食安全，信贷支农取得显著成效。全年累放贷款 14304.3 亿元，年末贷款余额 28313.5 亿元，增长 13%。全年累放粮食收储贷款 5000.4 亿元，支持收储粮食 4733.9 亿斤，增长 11.7%，占全社会收购量的 65%。累放油料收储贷款 209.8 亿元，支持国家糖、肉、化肥等重要物资储备，累放贷款 259.5 亿元。支持农业产业化发展，累放龙头企业和

加工企业、农业科技、农村流通体系建设贷款 2165.7 亿元，支持客户 4726 家、项目 1246 个。总体上看，经过多年的努力，中国农业发展银行按照打造现代银行的要求，基本形成"一体两翼"的业务发展格局（由过去单一支持粮棉油购销储业务，逐步形成以粮棉油收购贷款业务为主体，以农业产业化经营和农业中长期贷款业务为两翼，以中间业务为补充的多方位、宽领域的支农格局），初步建立现代银行框架，经营业绩实现大幅提升，成为我国农村金融的骨干力量，在解决粮食安全问题方面发挥着支柱作用。

二、我国农业保险金融粮食安全的现状

近年来，党中央、国务院高度关注农业保险的发展。2004~2014 年连续 11 年的中央"一号文件"都对政策性农业保险做出重要战略部署，各地政策性农业保险试点工作也相继展开，不同的保险组织也开始建立或加入农业保险经营行业，对我国粮食安全的保障起到了重要作用。2014 年农业保险保费收入

---

① 2009 年中央"一号文件"明确指出，"有条件的地方可成立政策性农业投资公司和农业产业发展基金"，同时还明确"加快发展政策性农业保险，加快建立农业再保险体系和财政支持的巨灾风险分散机制，探索建立农村信贷与农业保险相结合的银保互动机制"。
② 本节数据均来自《中国农业发展银行年报（2000~2013）》。

325.7亿元，同比增长6.2%，承保金额1.66万亿元，同比增长19.6%。保险业向3500万受灾农户支付赔款214.6亿元，同比增长2.86%。承保主要农作物突破15亿亩，占全国主要农作物播种面积的61.6%。承保森林面积24.7亿亩，覆盖率超过85%。目前农业保险已覆盖全国各个省、自治区和直辖市，覆盖了农、林、牧、渔等各个方面。2007~2012年，农业保险提供的风险保障从1126亿元增长到9000亿元，年均增长51%；累计提供风险保障2.68万亿元，共向9000多万受灾农户支付赔款551亿元（见表8-1）。2015年，如果巨灾保险制度能有实质性进展，保险业服务"三农"的保障能力将会明显提升。

表8-1　2006~2014年我国农业保险发展情况

年　份	2006	2007	2008	2009	2010	2011	2012	2013	2014
总保费（亿元）	5640	7033	9784	11137	14528	14339	15488	17222	20200
农业保费（亿元）	8.48	51.94	110.68	133.79	135.86	174.03	240.60	306.70	325.70
农保赔偿（亿元）	5.98	28.95	64.14	101.89	100.69	81.78	130.69	—	214.60
农保费比重（%）	0.15	0.74	1.13	1.20	0.94	1.21	1.55	1.78	1.61
农保赔付率（%）	71	56	58	76	74	47	54	68.8	—

三、我国中小企业信用担保体系的发展现状[①]

近年来中央出台了一系列财税扶持政策，在有效激励地方各级政府建立省、市、县三级政策性担保机构的同时，也吸引了大量的民间资本投资设立中小企业信用担保机构，初步形成了政策性担保与民营担保互补、直接担保与再担保联动的中小企业信用担保体系。

目前，中小企业信用担保行业出现如下特点：

第一，从信用担保的业务领域看，尽管担保品种不断增加，但贷款信用担保仍是主要担保品种。2013年末在保余额2.57万亿元，其中融资性担保在保余额2.22万亿元，占比86.4%。根据笔者的调研结果，这些融资性担保均为短期流动性贷款担保。

第二，商业性担保成为主流。尽管信用担保体系设计的初衷是提供不以盈利为目的的政策性金融服务，但在发展过程中，财政资源的有限性及行业起步阶段相应运作和补偿机制并不完善。为弥补担保资金的不足，各级政府开始引入民间资本，后期也有一些外资进入担保领域。在这种情况下，商业性担保很

---

① 建立完善中小企业信用担保体系——专访国家发展改革委中小企业司狄娜巡视员［J］.中国投资，2007（9）.

快占据主导地位。2002 年对担保机构的调查表明，政府出资在中国担保机构出资总额中的比例占 70%，民间投资占 30%，基本上是"政府为主，民间为辅"。但到 2004 年底，民间出资的比例已经占到总数的 50%。2012 年，全国 8590 家融资性担保法人机构中，国有控股 1907 家，占比仅为 22.2%。

第三，各级政府对信用担保机构给予了大量支持。在中央出台各项政策的引导下，各地纷纷安排专项资金，对融资性担保公司给予风险补偿，支持担保机构稳健经营。这些优惠政策经过不断延续和拓展，目前已经形成从业务补助、增量业务奖励、资本投入、代偿损失补偿等多个方面为担保机构提供支撑的政策体系。

四、我国农村小额信贷的发展现状

农村信用社设在乡镇一级，在中国农村几乎所有的乡镇都有农村信用社。

在中国农村存款服务比较成功，农业银行、农村信用社和邮政储蓄是三家最主要的服务机构。在中国进行的小额信贷实践中，运作的类型可以分为：第一，非政府组织、国际机构、社会团体等民间组织操作的小额信贷（通常称为"NGO 小额信贷"）；第二，政府部门操作的小额信贷；第三，金融机构操作的小额信贷。其发展已呈现从外援试点、政府推行到正规金融机构的进入过程，今后的趋势仍会呈现多样化的特征。

1. 我国农村小额信贷的合法性现状（见表 8-2）

作为 NGO 的小额信贷，其机构的合法性长期以来面临严峻挑战，而政府部门操作的小额信贷虽然借助于农业银行这一正规金融机构，但在 1999 年以前作为贷款具体发放的基层机构扶贫社也面临着合法性的问题。在中国小额信贷运作机构占据主体数量的是金融机构，绝大多数在监管之下运行。同时，随着 2006 年底银监会新政的出台，将会有越

表 8-2 我国农村小额信贷合法性比较

	类 型	典型机构	数 量
有监管机构	政府操作小额信贷	农业银行	中西部项目区农业银行
	金融机构操作小额信贷	农村信用社	全国绝大多数农信社
		"只贷不存"小额信贷公司	7
		小额贷款子公司、村镇银行、农村资金互助社	41[①]
		邮政储蓄	全国绝大多数邮储机构
无监管机构	NGO 小额信贷	"扶贫经济合作社"、"乡村发展协会"、"农户自立能力建设支持性服务社"等	300 余个项目机构[②]

注：①截至 2008 年 5 月底数据，其中小额贷款子公司 4 家，村镇银行 28 家，农村互助社 9 家。②该数量为估计值，在中国运作的非政府小额信贷项目前后大约有 300 余个。

资料来源：何广文等. 2008 小额信贷行业评估报告 [R]. 中国小额信贷促进网络，2009.

来越多监管之外的机构可以获得合法身份。

2. 我国农村小额信贷的服务领域（见表 8-3）

不同类型小额信贷所瞄准的服务领域也各有不同，NGO 小额信贷更多的是有特定的瞄准对象，目标群体是贫困地区的贫困户，不少机构强调以贫困妇女为主要受益群体。政府部门操作的小额信贷则将服务领域瞄准了符合政府所界定的"贫困人口"的扶贫对象，一般是针对国家扶贫机构所确定的国定贫困县，这些项目大多数分布于我国的西部地区。金融机构操作的小额信贷，包括农村信用社、"只贷不存"小额信贷公司、小额贷款子公司等新型农村金融机构、邮政储蓄银行，它们是作为农村金融市场中的运行主体而出现的，因此其服务领域着眼于更为宽广的农村金融市场，凡符合农信社、贷款公司贷款条件的中低收入人群（包括个人与中小型企业）都可以享受其提供的信贷服务。因此，不同类型小额信贷在对"小额"的界定上有一定区别。

表 8-3　不同类型小额信贷服务领域

类　型	典型机构	服务领域	平均贷款余额	平均储蓄余额
NGO 小额信贷	"扶贫经济合作社"、"乡村发展协会"、"农户自立能力建设支持性服务社"等	有特定项目瞄准对象，如针对贫苦妇女客户	400~1000 元	按照贷款额的一定比例强制储蓄
政府操作小额信贷	农业银行	属政府扶贫对象的贫困人口	1000~2000 元	
金融机构操作小额信贷	农村信用社	农村金融市场中的中低收入农户、中小型农村企业等	1000~2000 元到10000~20000 元	自愿储蓄
	"只贷不存"小额信贷公司			不允许吸储
	小额贷款子公司等新型农村金融机构			
	邮政储蓄银行		最高可达 10 万元	自愿储蓄

注：NGO 小额信贷的平均贷款余额是从一般意义上而言大多数项目在第一轮贷款时的额度；政府小额信贷也是在第一轮贷款时普遍采用的额度；金融机构小额信贷，对于信用社而言根据对农户不同的信用评级（通常三级），授信额度在 1000~2000 元到 10000~20000 元不等，小额贷款公司基本也参照这一额度发放贷款。

资料来源：何广文等. 2008 小额信贷行业评估报告［R］. 中国小额信贷促进网络，2009.

3. 我国农村小额信贷的相对规模（见表 8-4）

总体而言，不同类型小额信贷在规模上也表现出不同特征。NGO 小额信贷与政府操作的小额信贷，从地域范围来看，主要集中于经济欠发达的中西部省份。前者大多采取项目式运作，因此从规模上来看，单个项目规模较小，但数量众多，据不完全统计从小额信贷发展之初至今，前后大约有 300 多个项目在运作。其中最典型的代表有：一是联合国系统执行的项目，包括联合国开发计划署（UNDP）、儿基会（UNICEF）、农发基金（IFAD）、粮食计划署（WFP）、国际劳工组织（ILO）、人口基金（UNFPA）和世界银行项目；二是中国扶贫基金会的小额信贷项目。

表 8-4　不同类型小额信贷相对规模

类　型	典型机构	涉及地域范围	客户数量	贷款余额
NGO 小额信贷	"扶贫经济合作社"、"乡村发展协会"、"农户自立能力建设支持性服务社"等	散布于中西部各省份	项目区内众多农户	11 亿~12 亿元[1]
政府操作小额信贷	农业银行	22 个省的 605 个县	实施区域众多贫户人口	300 亿元[2]
金融机构操作小额信贷	农村信用社	全国范围	7742 万户	农户小额信用贷款 2038 亿元，农户联保贷款 1351 亿元
	"只贷不存"小额信贷公司	川、黔、晋、陕、内蒙古 5 省区	1094 余户	4590.37 万元
	小额贷款子公司等新型农村金融机构	全国各地共 41 家	—	7.6 亿元
	邮政储蓄银行	全国范围	900 户左右	4000 多万元

注：①因为目前没有官方统计数据，因此该数据为估计值。因为仅联合国系统执行的项目截至 1998 年底总资金额约 10 亿元，中国扶贫基金会截至 2007 年底共有 24735 名有效客户，贷款余额 7004 万元，加之其他双边和民间组织的项目，估计贷款余额在 11 亿~12 亿元。②据农业银行总行统计，截至 2003 年 8 月底数据。

资料来源：何广文等.2008 小额信贷行业评估报告［R］.中国小额信贷促进网络，2009.

4. 我国农村小额信贷的产品供给（见表 8-5）

不同类型小额信贷运作机构提供的产品主要为贷款和储蓄业务。从贷款产品来看，非政府组织、国际机构、社会团体等民间组织操作的小额信贷（"NGO 小额信贷"）和政府部门操作的小额信贷大多较严格地按照孟加拉乡村银行小额贷款的经典模式在运作，虽然也结合中国国情作了一定调整，但没有本质性的改变，大体遵循了如从小额度贷款开始、循环贷款、小组联保、分期

表 8-5　不同类型小额信贷提供产品

类型	典型机构	贷款产品	储蓄产品
NGO 小额信贷	"扶贫经济合作社"、"乡村发展协会"、"农户自立能力建设支持性服务社"等	第 1 轮贷款额度上限 400~1000 元不等，贷款期限 3~12 个月；有分期还款者，也有一次性还款者；分期还款的还款频率 1~4 周，利率一般为 6%~20% 之间，绝大多数采取小组成员联保制度，但也不排除给个人贷款的项目	实行强制性储蓄，以小组基金形式，替代抵押担保。同时有些项目还实行按还款频率每次存入相当于贷款额的一定比例的存款
政府操作小额信贷	农业银行	第 1 轮放贷上限为 1000~2000 元不等，贴息贷款年利率 2.88%~7.2%，采取小组成员联保制度。贷款期为 1~3 年不等，还款期为季度、半年或一年	
金融机构操作小额信贷	农村信用社	贷款额从一两千元到一两万元不等。贷款期限从几个月到一两年，一般为整贷整还，利率与农信社其他贷款大体相同	鼓励农户储蓄，但小额信贷没有与储蓄挂钩
	"只贷不存"小额信贷公司	贷款额度在几千到几万元不等，贷款期限一般为一年以内，方式多样，包括信用贷款、质押贷款、担保贷款、联保等，利率水平高于信用社，平均在 20% 左右	无
	小额贷款子公司等新型机构		
	邮政储蓄银行	贷款额度在 1000 元以上至 10 万元以内，以未到期的定期储蓄存单作质押，到期还本付息，利率按照银行贷款利率	自愿储蓄

注：在新型机构中，村镇银行和农村资金互助组织可以吸收存款，与银行储蓄业务类似。
资料来源：何广文等.2008 小额信贷行业评估报告［R］.中国小额信贷促进网络，2009.

还款等要素。

但需要注意的是，在政府操作的小额信贷中，对农户的贷款提供了一定贴息，而非政府组织、国际机构和民间组织小额信贷则更多采取的是市场化利率水平。作为金融机构操作的小额信贷，农村信用社则是对申请贷款农户进行信用评级，根据不同信用等级授予不同信贷额度，授信农户可在信贷额度内循环使用贷款。小额贷款公司方式则更为灵活，贷款额度在几千元到几万元不等，期限大多为一年期以内，采用信用贷款、质押贷款、联保贷款、担保贷款等，利率水平一般较高，平均在 17%~

20% 之间。

作为正规金融机构的农业银行和农村信用社、邮政储蓄银行在提供小额信贷业务的同时，还为客户提供其他传统银行业务，包括其他传统储蓄产品，比如定期、活期储蓄产品，其他转账结算、汇兑业务，尤其作为四大国有商业银行之一的农业银行，利用其遍布全国的营业网点，为客户提供了全国性的通存通兑业务。同时这三类机构也纷纷开展代理业务，包括代理保险、代收代付等业务活动。村镇银行属于银行类金融机构，但由于其存在时间尚短，其他业务还没有大范围展开。

第二节　2014~2015 年我国粮食金融安全的问题分析

一、法律制度建设不健全阻碍信贷业务发展

主要表现为：一是法律体系不完整。目前，农村金融主要参与主体均缺乏相关法律法规指导，基层农发行经营管理的依据更多是上级行的文件和规章制度，对外不具备刚性约束力和严格的强制性。二是相关制度亟待完善。由于对"订单农业"没有相应的法律约束，"订单"履约率受市场影响很大，价格上涨

时，农户抛弃龙头企业出售农产品，价格下跌时，一些企业压质压价或拒绝收购，这样，也就相应增加了农发行商业性贷款的安全隐患。三是农业保险政策扶持弱化下风险与收益严重失衡。农业生产受自然条件影响较大，农业生产先天不足。

二、农村信用环境不佳成为信贷"瓶颈"

农村信用环境不佳主要表现在两个

方面：一是贷款保证能力差。农民贷款难的问题无法从根本上得到有效解决，贷款的抵押担保和保证能力差是导致"贷款难"的主要原因。目前，农发行除粮食购、销、储贷款外，几乎都采取抵押、质押贷款方式。二是产业化风险转嫁行为突出。现阶段，欠发达地区农业产业结构调整仍停留在品种改良和数量扩张上，农村经济增长主要依托资源消耗，缺乏优质产业群的支撑，在项目选择上也存在一定的短期行为和盲目性。在农业生产保险机制体制不健全的情况下，必然将生产风险转移到农户和银行，造成农村大量信贷资金"沉淀"。

三、信贷资金投向集中流通环节忽视生产环节

尽管农业发展银行信贷总量随着业务领域的拓展快速扩张，但信贷资金投向仍然是集中用于粮棉油流通环节，特别是粮食流通环节比重较大，而流向其他领域的偏少，信贷结构失衡。根据国务院"支持收购，强化管理"的宏观调控政策要求，"收购性"的信贷业务构成农业发展银行业务的主体。

四、农业巨灾风险分散转移机制缺位

国外发生巨灾后，保险赔款可承担30%以上的损失补偿，发达国家甚至可达60%~70%。而在中国，据统计，近3年农作物年均受灾面积5.74亿亩，因灾损失粮食730多亿斤，农业直接经济损失950亿元。其中，2008年初南方冰雪灾害，就造成农作物受灾面积1.78亿亩，其中成灾8千多万亩，绝收2千多万亩，因灾死亡的畜禽6900多万头（只），渔业方面，南方13个省养殖业受灾面积1400多万亩①。鉴于此，中国保监会正在积极酝酿推出巨灾保险基金制度。

五、我国中小企业信用担保体系的风险控制、分散机制不健全

我国中小企业信用担保机构内部的信用风险控制机制较弱，缺少明确的规章制度，并且担保过程中往往会存在行政指令与人情担保，使得担保机构的信用度降低，风险加大。另外，我国再担保机构还不完善，担保机构也不能通过再担保方式有效转移和分散担保风险。

---

① 李彦. 政策性农业保险存在的问题及模式创新 ［EB/OL］. 中国金融界网.

因此，担保机构只能采用反担保措施，而过多的反担保实际上减少了担保机构自身的作用，不能发挥其应有的作用。根据国际经验，担保机构一般承担 70%~80% 的担保责任，其余部分由协作银行承担。由于我国目前还缺乏明确的制度规范，再加上担保机构的实力过于弱小，在谈判中处于不利地位，导致诸多银行将本来应当由自身承担的中小企业贷款风险全部转嫁给了担保机构。这样就造成担保机构责任与能力的严重不对等，同时也降低了银行对企业信用进行考察和评估的积极性和责任心，最终加大了担保机构的风险。

六、小额信贷机构风险控制问题

农村市场充满了不确定性，小额信贷机构因此面临着众多的风险。国际经验表明，小额信贷机构的风险比商业银行更高（见表 8-6）。[1]

表 8-6 农信社小额信贷风险的类型及产生原因

风险类型	产生原因
自然风险	农户小额信用贷款的主要投向是种植业和养殖业的简单再生产和小规模扩大再生产，而传统的种养殖业对自然条件的依赖性极强，抵御自然灾害的能力弱，因此，一旦发生自然灾害，农信社就面临着贷款无法收回的风险，这也是农户小额信贷业务中产生呆账、坏账最主要的原因。一般来说，在经济落后地区，自然灾害风险是导致农户小额信贷形成不良贷款的主要原因（约 60%~70%）
市场风险	一方面，由于同一地域自然条件的限制及农民多年形成的耕作习惯，农民在种养殖业的品种结构上高度趋同，这必然导致同种产品的供给过多，出现"谷贱伤农"的情形，农民收入因此而降低。另一方面，由于市场基础设施及"软件"十分落后，农业市场供求信息极其缺乏，农民无法获得及时、充分的市场行情，因此，农户在决定下期生产时往往只是参考上期的价格及供需情况，往往"跟着感觉走"。此外，农民也缺乏规避市场风险的手段
利率风险	目前，除少数几种贷款外，人民银行对金融机构的贷款利率执行统一的利率水平。对农村信用社贷款实行的是基准利率加浮动利率，在传统思维的影响下，大部分农户小额信贷实行的则是不浮或少浮的优惠利率政策，这与农村信用社的高运作成本形成强烈的反差，小额信贷在贷前就暴露在利率风险之下
道德风险和逆向选择	从农户方面来看，一部分农户习惯性地认为小额信贷是扶贫贷款，不要白不要，从而想方设法地争取贷款，到期后却不愿还款；从信用社方面看，在农户信用等级评定过程中，通常做法是通过村委会、村民小组所提供的有关信息来评定农户信用等级，核定贷款额度。农户为了获得贷款，必然会隐瞒对自己不利的信息，甚至提供虚假信息；再加上工作人员的疏忽，农户信用等级评定的结果并不一定真实可靠。这是导致道德风险和逆向选择的主要原因

资料来源：熊学萍等. 农户小额信贷风险：表现、成因与应对策略 [J]. 华东经济管理，2005（11）.

目前，我国各类小额信贷机构风险控制能力还很弱，表现之一为不良贷款率居高不下。不良贷款率高是由于小额信贷的本质与具体管理因素共同造成的。小额信贷专门针对贫困群体，这一群体本身就具有较高的还贷风险性，特别是在缺乏配套技术、管理和政策配合的情况下，贷款难以成功发挥原有的作

---

[1] 这是因为：第一，小额信贷机构资产组合的稳定性较传统银行差，短期内资产质量可能出现明显恶化。第二，小额信贷机构单位贷款成本较传统银行高，如出现同样金额的贷款损失，小额信贷机构的资本水平下降得更快。第三，小额信贷发展历史较短，经营者和监管当局缺乏控制小额信贷风险的经验。

用；同时，小额信贷管理人员主要由政府人员组成，非政府机构则缺少专业人

员，在贷款的鉴别、发放及债务追讨方面都缺乏经验和能力。

第三节　2014~2015 年我国粮食金融安全的原因分析

一、农村金融市场信贷风险高

我国农村金融机构不良贷款率较高的原因除了自身经营管理不够完善、治理结构存在一定问题外，乡村债务消化进程缓慢也是其中之一。农村金融机构除了自身经营风险外，在农村地区经营还面临比城市经营更高的系统性风险，农业保险、信贷抵押担保等发展滞后也是金融机构不良贷款率较高的重要原因，缺乏抵押担保物品也是农民"贷款难"的重要原因之一。

二、农村金融生态环境不够完善

与农村金融发展相联系的公共基础服务设施建设等改革没有进行到位，在一定程度上制约了农村金融服务的发展。目前农村信用社主要以农户为主，针对农村经济合作组织、专业协会等组织平台的信用建设仍处于起步阶段；在农村大量劳动力流动的情况下，农民工群体缺乏相应的信用体系。

三、引导金融机构支持"三农"的激励机制单一

从金融渠道看，在统筹城乡发展的背景下，目前城乡资金呈现双向流动特征。从资金流入渠道看，农民进城务工收入逐年增多，通过邮政储蓄银行或其他金融机构汇回农村地区；中央银行对农村信用社和政策性银行给予再贷款支持，并对农村信用社改革提供资金支持；农业发展银行等政策性银行利用金融市场筹集社会资金以粮棉油收购贷款等渠道支持"三农"。从资金流出渠道看，主要是农村金融机构购买债券、拆借和上存资金等方式。鉴于农村经济产业收益率较低，农户等农村经济主体缺乏抵押担保品，一些地区的金融生态环境不够完善，相对来说，农村贷款交易成本高、风险大。解决农村资金外流问题，主要靠改善农村信用环境，为金融机构在农村提供有效金融服务创造商业上可持续的激励机制。

四、农村家庭金融知识缺乏

从整体来看，我国家庭的金融知识水平与发达国家有很大差距，金融知识指数为 42，而美国及荷兰这一指数接近 80。从区域差异来看，我国东、中、西部呈递减的趋势。农村家庭金融知识水平异常缺乏，仅为 30，低于城市家庭的 51，金融知识匮乏或许是农村家庭金融市场参与率低的原因之一。教育水平是决定家庭金融知识水平的重要原因，尤其是经济金融课程的学习对提高家庭金融知识水平帮助非常大，即使是农村家庭，上过经济金融课程的家庭金融知识水平甚至高于城市家庭，高达 60。

五、农村金融缺乏风险控制和规避机制

由于农业经常面临巨大的自然风险和变化多端的市场风险，如果没有相应的规避机制或者规避机制不健全，往往使农业生产者及其有关参与者不得不面临巨大的、难以承受的自然和市场风险。出于理性的选择，有关的农业参与者会减少对农业的投入，农村金融机构也相应地减少了对农业的贷款。农村社会信用体系不健全使得农村金融机构难以了解农村企业和个人的资信情况，导致农村信贷过程中逆向选择和道德风险等机会主义盛行，农村金融机构惜贷严重，大量资金流向城市和工业。农村金融机构规模小风险大，储蓄存款向大银行集中的现象比较突出，制约了农村中小金融机构的发展，也导致大量农村资金外流。

第四节　2015 年我国粮食金融安全的预测

一、2015 年 1~6 月我国粮食金融安全的分析

2015 年 3 月 3 日银监会下发的《关于做好 2015 年农村金融服务工作的通知》中要求要执行好现有各项农村金融服务政策和有扶有控的差别化信贷政策，不断加大"三农"信贷投放力度，在有效提高贷款增量的基础上，继续扩大"三农"专项金融债发行规模，努力实现涉农贷款增速高于全部贷款平均水

平，充分发挥信贷资金对农业增产、农民增收和农村经济发展的推动效应。

2015 年 4 月 20 日，中国人民银行下调各类存款类金融机构人民币存款准备金率 1 个百分点。在此基础上，为进一步增强金融机构支持结构调整的能力，加大对小微企业、"三农"及重大水利工程建设等的支持力度，自 4 月 20 日起对农信社、村镇银行等农村金融机构额外降低人民币存款准备金率 1 个百分点，并统一下调农村合作银行存款准备金率至农信社水平；对中国农业发展银行额外降低人民币存款准备金率 2 个百分点；对符合审慎经营要求且"三农"或小微企业贷款达到一定比例的国有银行和股份制商业银行可执行较同类机构法定水平低 0.5 个百分点的存款准备金率。

中央从财政政策和货币政策两方面都采取了向农村金融政策倾斜的举措，充分表明"三农"问题始终是我国现代化建设进程中带有全局性和战略性的问题。我国粮食金融安全保障体系起步虽晚，但发展速度快，政策支持力度逐年增大，农村获益群体覆盖率增高，将逐步实现农村金融与农业、农村经济的共同发展。

据国家农业发展银行统计，自 2014 年 10 月至 2015 年 4 月，累计发放秋季粮油收购贷款 3695 亿元，支持收储粮油 3455 亿斤，信贷投放量、支持收储量均创历史新高。[①]

二、2015 年我国粮食金融安全的预测

1. 各类商业银行创新"三农"金融服务

四大银行中主要以农业为主的农业银行三农金融事业部改革试点将覆盖全部县域支行。农业发展银行要在强化政策性功能定位的同时，加大对水利、贫困地区公路等农业农村基础设施建设的贷款力度，农村金融主体银行将开展"三农"融资担保业务，大力发展政府支持的"三农"融资担保和再担保机构，完善银—担合作机制。

2. 逐步完善农产品价格形成机制

要增加农民收入，必须保持农产品价格合理水平。2015 年全年将继续执行稻谷、小麦最低收购价政策，完善重要农产品临时收储政策。积极开展农产品价格保险试点。2015 年下半年将开展农产品"保险 + 期货"合作项目试点，是保险与期货联手推动完善农产品价格形成机制、保护广大农业生产者利益的重

---

① 农发行召开年中全国分行行长会议，研究部署当前和今后一个时期重要工作 [J]. 农业发展与金融，2015（7）.

要尝试，是显著提升农业保险风险保障能力、加快推动我国农业保险发展的一大创新。

3. 农村金融参与主体丰富多样化

中国银监会2014年发出通知，在总体保持县域法人地位稳定、维护体系完整的前提下，积极稳妥组建农村商业银行，培育合格的市场主体。鼓励社会资本投资入股，提升民间资本股份的比例，壮大支农资本实力，提升"三农"服务能力。稳步培育发展村镇银行，重点加快在农业地区、产粮大县的布局。支持由社会资本发起设立服务"三农"的金融租赁公司，与农机设备制造商加强业务合作，开展涉农金融租赁业务。鼓励县域组建政府出资为主、重点开展涉农担保业务的融资性担保机构，支持其他融资性担保公司为农业生产经营主体提供融资担保服务，未来将有更多社会资本和主体进入农村金融领域。

第五节　完善我国粮食金融安全的政策建议

一、完善多元化筹资机制，扩宽资金渠道

一是对政策性业务特别是执行最低收购价政策所需的收购资金应全部通过中央银行再贷款解决。

二是借鉴国际通行做法，要求商业银行存款增量的一定比例转存农业政策性银行，专门用于农业和农村政策性信贷资金投入。

三是适当放宽存款业务限制，努力增加财政性存款资金来源，积极吸收养老保险基金、医疗保险基金、住房公积金和邮政储蓄等资金，专门用于农业长期投资。

四是扩大债券发行规模，在金融市场上筹集资金，这应是农业政策性银行筹资模式改革的主要方向。

五是积极利用境外资金，统一办理国际金融机构和国际组织转贷业务，特别是世界银行、国际开发协会和亚洲开发银行对我国农业项目贷款和扶贫开发贷款的转贷。

二、强化风险防控机制，保障信贷资金安全

一是对于历史原因形成的不良贷款，政府应分清性质，落实责任和补贴来源，采取有效措施，加快处置。这样，有利于农业政策性银行"新老划断"，

轻装前进。

二是从财政部门增拨、税收部门返还或从农业政策性银行经营利润中提取一定比例资金充实资本金，使其资本充足率达到或超过 8% 的标准。

三是积极向有关部门争取政策，在财务状况较好的情况下多计提拨备额，及时消化和处理经营中出现的不良贷款和经营风险。

四是根据《金融机构内部控制指导原则》的要求，建立覆盖所有业务品种和业务操作环节的规章制度，用科学有效的制度来规范信贷行为，保障信贷资金安全。

五是强化政策性贷款风险和损失补偿措施，通过减免税收、调减中央银行借款利率、增加中央或地方财政预算来及时补偿农业政策性银行为执行国家产业政策和服务"三农"所付出的政策性成本。

三、设立巨灾风险基金，建立再保险机制

巨灾风险基金的筹集应以国家为主，地方为辅，筹集渠道应主要包括：国家财政拨款；从农险公司无大灾年份农业保险保费节余滚存中抽出一部分；农险公司的税收减免部分；从防灾、减灾和救灾专项支出中与农业保险服务标的相对应的资金中抽取一部分；每年从国家的粮食风险基金中抽取一部分。将以上资金整合起来，充实巨灾风险基金。

一是要由国家财政投资成立中国农业再保险公司；二是要由国家制定优惠政策，扶持中国再保险集团公司为各家从事农业保险的机构分散风险；三是各保险主体也要探寻与国际再保险企业的合作，将农业风险向更大范围内分散。为分散农业保险的经营风险，应设立再保险公司，对政策性农业保险实行与一般商业保险有区别的再保险，鼓励保险公司参加再保险。有农险业务的保险公司应自觉地与再保险公司签订再保险协议，在用足国内现有再承保能力的基础上，寻求国际市场承保能力的支持。

四、建立农业保险与农村信贷相结合的互动机制

将农业保险与农村信贷结合起来，是美法等国开展农业保险的一条重要经验。就中国而言，在农业保险发展得比较好的地区，可对农业保险的投保人提供贷款担保或对向投保者提供低息农业贷款的金融机构给予利息补贴，待条件成熟时，可以将参加保险作为贷款发放的条件之一；对经营农业保险的公司出现流动性资金不足时，允许其申请一定额度的无息或低息贷款；鼓励农业保险

公司利用现有的农村金融机构销售保险产品。可以通过加强保险业与农村银行、邮政、农信社等机构的合作，强化金融对"三农"的资金支持和风险保障作用，进一步提高合作的层次和深度。

五、建立多元化的资金投入机制

国际经验表明，可持续发展的小额信贷，其资金来源最终需要通过市场化运营来解决，即通过一定的政策支持，吸引国内外的社会资金投入到小额信贷中。但在当前，小额信贷尚处于初步发展的阶段，国家的资金投入支持是必要的。

一是应鼓励各种国际组织在我国开展小额信贷业务，吸引国际资金进入我国小额信贷领域。

二是应积极发展各类专业型小额信贷资金批发机构，鼓励大型商业银行建立资金批发中心，为小额信贷机构提供资金支持。

三是进一步降低准入门槛，鼓励民间资本进入小额信贷市场参与投资。

四是完善小额信贷机构进入金融市场的机制，允许达标的优秀小额信贷机构进入同业拆借市场、股票市场和债券市场融资。

监管当局应制定适当的制度，对经营效果好，具有较为良好内部治理结构并显示出可持续发展能力的小额信贷机构，允许其吸收一定比例的公众存款或者批发贷款，还可以允许其逐步扩大吸收存款的比率和范围，直至最后向商业化小额信贷金融机构转型。

只有建立多元化的资金投入机制，才能保证小额信贷机构能够获得源源不断的资金支持，实现可持续发展。

参考文献

[1] 洪涛. 中国粮食安全保障体系及预警[M]. 北京：经济管理出版社，2010.

[2] 岳意定. 改革和完善农村金融服务体系[M]. 北京：中国财政经济出版社，2008.

[3] 黄润华. 确保全市粮食安全促进粮食事业又好又快发展[J]. 中国粮食经济，2008（7）.

[4] 余新奇. 国家粮食安全问题的思考[J]. 粮食科技与经济，2003（6）.

[5] 冯月联等. 我国农业保险现状分析及发展对策[J]. 河北农业大学学报，2006（1）.

[6] 明金维. 我国农业安全的最大威胁是全球粮食金融化[EB/OL]. 新华网，2011-02-20.

[7] 工信部中小企业司. 2011 年度全国中小企业信用担保发展报告[R]. www.bjdbxh.org.cn.

[8] 刘孔勇. 当前农发行拓展商业性业务面临的障碍及对策[J]. 时代金融，2011（9）.

[9] 中国农业发展银行. 中国农业发展银行年报（2000~2014）[R]. www.adbc.com.cn.

[10] 中国保险年鉴编委会. 中国保险年鉴（2000~2014）[M]. 北京：中国保险年鉴出版社.

附录1 2014年世界粮食不安全状况

联合国粮农组织

《2014年世界粮食不安全状况》介绍了关于食物不足状况的最新估计数据，更新了在实现千年发展目标和世界粮食首脑会议饥饿相关目标方面取得的进展。审视现阶段在减少饥饿和营养不良方面的进展后发现，全球范围内和许多国家在减少饥饿方面持续进展，但在其他国家还需要更多实质性的努力。

最高层面做出持续政治承诺是消除饥饿的前提条件。这意味着将粮食安全和营养问题置于政治议程的最前列，并为提升粮食安全和营养水平创造一个有利环境。今年的报告审议了七个国家的不同经验，并特别关注解决粮食安全和营养问题的有利环境，其反映了四个层面的承诺和能力：第一，政策、方案和法律框架；第二，筹集人力和财政资源；第三，协调各种机制和伙伴关系；第四，基于证据的决策。

报告要点

据粮农组织最新估计，全球饥饿人口在继续减少：2012~2014年约有7.95亿人长期受食物不足困扰，比上个10年减少1亿多人，比1990~1992年减少2.09亿人。食物不足发生率同期在全球范围内从18.7%降至11.3%，在发展中国家从23.4%降至13.5%。

1990~1992年以来，已有63个国家实现了千年发展目标，25个国家实现了要求更高的世界粮食首脑会议目标。在这63个发展中国家中，有11个1990~1992年的食物不足发生率已低于5%（由于方法学局限性，这一数字确保结果显著区别于零），并一直将其维持在这一区间内，因而不再是2014年报告的首要侧重点。

这些数字表明，"千年发展目标"中有关饥饿的目标触手可及，即到2015年将发展中国家食物不足人口比例减半。

尽管已整体取得进展，但各区域间仍存在巨大差异。拉丁美洲及加勒比地区在加强粮食安全方面取得的进展最大，而撒哈拉以南非洲及西亚地区在自然灾害和冲突的影响下进展不大。

由最高层做出长期政治承诺，将粮食安全与营养放在政治议程的首位，是消除饥饿的一项前提条件。《2014年世界粮食不安全状况》通过案例分析表明，非洲、拉丁美洲及加勒比地区一些国家已强化了自身对粮食安全与营养的政治承诺。

减轻饥饿要求采取一种综合方法，内容应包括：通过公共和私人投资来提高农业生产率；改善投入物、土地、服务、技术的获取和市场准入；采取措施促进农村发展；为最弱势群体提供社会保护，包括加强他们面对各种冲突和自然灾害时的抵御能力；实施特定的营养计划，特别要解决母亲和5岁以下儿童的微量元素缺乏问题。

附录2　2015年世界粮食不安全状况

联合国粮农组织

全球约有7.93亿人遭受食物不足的困扰，比10年前减少1.67亿人，比1990~1992年减少2.16亿人。发展中区域虽然经历了人口快速增长，但食物不足人口数量降幅更大。近年来，中部非洲和西亚等发展中区域经济增长速度放缓、包容性下降及政局不稳等因素，已经对相关进展形成障碍。

2015年是千年发展目标监测期的截止点。发展中区域作为整体而言，其食物不足人口数量在总人口中所占比例已从1990~1992年的23.3%降至12.9%。一些区域已取得快速进展，如拉丁美洲、东亚及东南亚、高加索及中亚、北非和西非。南亚、大洋洲、加勒比及非洲南部和东部也已取得进展，但进展较慢，难以实现将长期食物不足人口比例减半的千年发展目标1。

在受监测的129个发展中国家中，72个已实现千年发展目标1c，占半数以上。多数国家政局稳定，经济增长，往往还伴有针对弱势群体的社会保护政策。

将发展中区域作为整体来看，食物不足发生率和5岁以下儿童体重不足比例两项指标均出现下降。在一些区域，包括西非、东南亚和南美洲，食物不足发生率的下降速度快于儿童体重不足率，表明仍有空间提高膳食质量，改善卫生条件，帮助人们更好地获取洁净水，尤其是针对较贫困群体。

经济增长是成功减缓食物不足状况的一项关键因素，但必须确保经济增长具有包容性，并能为贫困人口改善生计创造机遇。提高小规模家庭农业经营者的生产率和收入是取得进展的关键。

社会保护体系已成为推动一些发展中国家朝着实现千年发展目标1中减轻饥饿和贫困相关具体目标取得进展的关键力量。社会保护能加强收入安全和改善营养、医疗和教育的获取，从而为减轻贫困、饥饿和营养不良做出直接贡献。社会保护还能提高人类能力，缓解冲击造成的影响，从而提高贫困人口通过更好地就业参与增长的能力。

在很多未能实现饥饿相关国际目标的国家里，自然灾害、人为灾害或政局不稳已导致持续危机，使大量人口面临更加严重的脆弱性和粮食不安全。在这种背景下，保护弱势群体、改善生计的措施就很难实施或产生效果。

发展中区域食物不足状况轨迹：在实现千年发展目标和世界粮食首脑会议目标上取得的实际进展和预计进展如附图 2-1 所示。

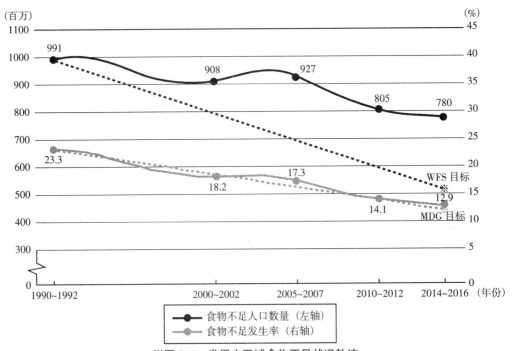

附图 2-1　发展中区域食物不足状况轨迹

注：2014~2016 年数据为临时估计数。
资料来源：粮农组织。

不断变化的世界饥饿人口分布情况：1990~1992 年和 2014~2016 年各区域食物不足人口数量及比例如附表 2-1 所示。

食物不足变化趋势：几乎所有区域均已取得进展，但差异巨大，如附图 2-2 所示。

附表 2-1　世界饥饿人口分布

	人口数量（百万）		区域比例（%）	
	1990~1992	2014~2016	1990~1992	2014~2016
Ⓐ 发达区域	20	15	2.0	1.8
Ⓑ 南亚	291	281	28.8	35.4
Ⓒ 撒哈拉以南非洲	176	220	17.4	27.7
Ⓓ 东亚	295	145	29.2	18.3
Ⓔ 东南亚	138	61	13.6	7.6
Ⓕ 拉丁美洲及加勒比	66	34	6.5	4.3
Ⓖ 西亚	8	19	0.8	2.4
Ⓗ 北非	6	4	0.6	0.5
Ⓘ 高加索及中亚	10	6	0.9	0.7
Ⓙ 大洋洲	1	1	0.1	0.2
合计	1011	795①	100	100

注：饼图中各分区面积大小根据相应时段内食物不足人口总数按比例分配。2014~2016 年数据为临时估计数。所有数字均已四舍五入。

① 包括苏丹的数据。自该国在 2011 年南苏丹成为独立国家而分裂以来，这些数据未包括在撒哈拉以南非洲国家的数据中。

资料来源：粮农组织。

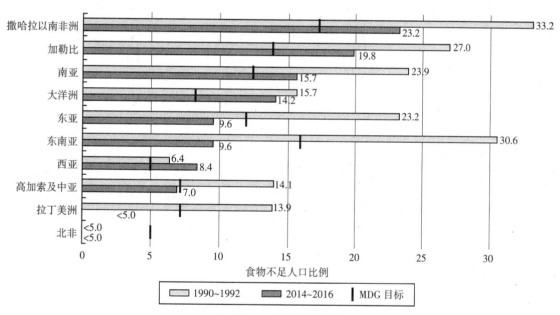

附图 2-2　食物不足变化趋势

注：2014~2016 年数据为临时估计数。

资料来源：粮农组织。

附录3 2003~2014年全国省市自治区粮食产量

单位：万吨

年份	全国粮食产量	北京市	天津市	河北省	山西省	内蒙古自治区	辽宁省	吉林省	黑龙江省
2003	43069.53	58.03	119.29	2387.80	958.87	1360.73	1498.30	2259.60	2512.30
2004	46946.95	70.18	122.77	2480.07	1062.00	1505.30	1720.00	2510.00	3001.00
2005	48402.19	94.93	137.50	2598.58	978.00	1662.15	1745.80	2581.21	3092.00
2006	49804.23	109.17	141.90	2780.60	1024.50	1806.84	1797.00	2725.80	3843.50
2007	50160.28	102.07	147.15	2841.55	1007.05	1810.69	1835.00	2453.78	3462.94
2008	52870.92	125.45	148.93	2905.81	1028.00	2131.30	1860.30	2840.00	4225.00
2009	53082.08	124.77	156.29	2910.17	942.00	1981.70	1591.00	2460.00	4353.01
2010	54647.71	115.68	159.74	2975.90	1085.10	2158.20	1765.40	2842.50	5012.80
2011	57120.85	121.77	161.83	3172.60	1193.00	2387.51	2035.50	3171.01	5570.60
2012	58957.97	113.77	161.76	3246.60	1274.10	2528.50	2070.50	3343.00	5761.49
2013	60193.84	96.13	174.71	3364.99	1312.80	2773.00	2195.60	3551.02	6004.07
2014	60702.61	63.94	175.95	3360.17	1330.78	2753.01	1753.90	3532.84	6242.19
年份	全国粮食产量	上海市	江苏省	浙江省	安徽省	福建省	江西省	山东省	河南省
2003	43069.53	98.75	2471.85	793.38	2214.80	713.16	1450.30	3435.54	3569.47
2004	46946.95	106.29	2829.06	834.90	2742.96	736.45	1663.00	3516.70	4260.00
2005	48402.19	105.36	2834.59	814.70	2605.30	715.18	1757.00	3917.38	4582.00
2006	49804.23	111.30	3096.03	769.51	2853.71	632.90	1896.52	4092.97	5112.30
2007	50160.28	109.20	3132.24	728.64	2901.40	635.06	1904.00	4148.76	5245.22
2008	52870.92	115.67	3175.49	775.55	3023.30	652.33	1958.10	4260.50	5365.48
2009	53082.08	121.68	3230.10	789.15	3069.87	666.86	2002.56	4316.30	5389.00
2010	54647.71	118.40	3235.10	770.67	3080.49	661.89	1954.69	4335.68	5437.09
2011	57120.85	121.95	3307.76	781.60	3135.50	672.80	2052.79	4426.29	5542.50
2012	58957.97	122.39	3372.48	769.80	3289.10	659.30	2084.80	4511.40	5638.60
2013	60193.84	114.15	3422.99	733.95	3279.60	664.36	2116.10	4528.20	5713.69
2014	60702.61	112.54	3490.62	757.41	3415.83	667.03	2143.50	4596.60	5772.30

年份	全国粮食产量	湖北省	湖南省	广东省	广西壮族自治区	海南省	重庆市	四川省	贵州省
2003	43069.53	1921.02	2442.73	1430.40	1465.10	204.60	1087.10	3054.10	1104.30
2004	46946.95	2100.12	2640.00	1390.00	1398.50	190.11	1144.50	3146.70	1149.58
2005	48402.19	2177.38	2678.60	1394.97	1487.30	153.00	1168.21	3211.10	1152.06
2006	49804.23	2099.10	2654.20	1242.42	1427.58	161.90	808.40	2859.70	1038.00
2007	50160.28	2185.44	2692.20	1284.70	1396.60	177.50	1088.00	3027.00	1100.86
2008	52870.92	2227.23	2805.00	1243.44	1394.70	183.48	1153.20	3140.00	1158.00
2009	53082.08	2309.10	2902.70	1314.50	1463.20	187.60	1137.20	3194.60	1168.27
2010	54647.71	2315.80	2847.49	1316.49	1412.32	180.38	1156.10	3222.90	1112.30
2011	57120.85	2388.53	2939.35	1360.95	1429.93	188.04	1126.90	3291.60	876.90
2012	58957.97	2441.81	3006.50	1396.33	1484.90	199.50	1138.54	3315.00	1079.50
2013	60193.84	2501.30	2925.74	1315.90	1521.80	190.90	1148.13	3387.10	1029.99
2014	60702.61	2584.17	3001.26	1357.34	1534.41	186.60	1144.54	3374.90	1138.50

年份	全国粮食产量	云南省	西藏自治区	陕西省	甘肃省	青海省	宁夏回族自治区	新疆维吾尔自治区	
2003	43069.53	1471.01	96.60	968.40	789.34	86.80	270.17	775.48	
2004	46946.95	1509.50	96.00	1040.00	805.80	88.47	290.49	796.50	
2005	48402.19	1514.93	93.40	1043.00	836.89	93.26	299.81	876.60	
2006	49804.23	1457.60	92.37	1041.90	808.05	99.70	322.40	896.36	
2007	50160.28	1460.71	93.86	1067.91	824.00	106.18	323.52	867.04	
2008	52870.92	1518.59	95.03	1111.00	888.50	101.80	329.24	930.50	
2009	53082.08	1576.92	90.53	1131.40	906.20	102.69	340.70	1152.00	
2010	54647.71	1531.00	91.20	1164.90	958.30	102.00	356.50	1170.70	
2011	57120.85	1673.60	93.73	1194.70	1014.60	103.36	358.95	1224.70	
2012	58957.97	1749.10	94.89	1245.10	1109.70	101.50	375.00	1273.00	
2013	60193.84	1824.00	96.15	1215.80	1138.90	102.37	373.40	1377.00	
2014	60702.61	1860.70	97.97	1197.78	1158.65	104.81	377.90	1414.47	

附录4 2003~2012年全国省市自治区 劳均粮食产量

单位：公斤/人

年份	劳均粮食产量	北京市	天津市	河北省	山西省	内蒙古自治区	辽宁省	吉林省	黑龙江省
2003	1361.88	938.69	1477.82	1441.82	1470.21	2591.72	2258.99	4467.33	3393.37
2004	1517.95	1195.27	1518.55	1521.20	1651.26	2899.94	2542.22	5024.22	4165.34
2005	1598.18	1629.98	1717.78	1648.23	1530.80	3157.10	2544.53	5168.88	4408.29
2006	1677.08	1757.41	1798.31	1813.95	1609.43	3399.35	2628.56	5441.48	5545.10
2007	1727.90	1605.01	1895.71	1899.38	1586.41	3376.80	2718.52	4947.14	5074.83
2008	1854.98	2033.89	1943.49	1965.20	1616.64	4001.30	2794.58	5776.65	6244.64
2009	1881.38	2033.75	2056.72	1972.51	1484.08	3757.00	2403.91	4985.36	6391.56
2010	1960.10	1912.24	2136.28	2030.76	1716.85	4038.85	2664.82	5698.28	7362.98
2011	2075.23	2060.93	2201.32	2194.43	1870.10	4409.67	3067.38	6266.69	8220.89
2012	2167.99	1989.57	2223.51	2275.91	1984.41	4617.51	3128.48	6594.34	8567.08
年份	劳均粮食产量	上海市	江苏省	浙江省	安徽省	福建省	江西省	山东省	河南省
2003	1361.88	1289.25	1912.86	880.29	1168.12	955.66	1483.84	1482.26	1063.26
2004	1517.95	1552.13	2392.30	982.47	1500.84	1009.76	1721.33	1582.41	1299.53
2005	1598.18	1695.66	2584.97	1009.82	1462.99	1010.92	1837.87	1853.92	1440.28
2006	1677.08	2117.43	3035.84	1012.62	1627.01	932.80	2008.20	2017.36	1657.91
2007	1727.90	2231.81	3277.19	1025.56	1716.47	975.31	2074.91	2094.38	1763.29
2008	1854.98	2329.71	3477.05	1145.24	1870.58	1024.05	2194.40	2161.68	1867.19
2009	1881.38	2614.81	3644.31	1195.77	1943.66	1056.14	2284.06	2171.02	1927.59
2010	1960.10	2974.50	3726.77	1203.25	1995.20	1059.02	2275.81	2179.92	1994.29
2011	2075.23	3616.61	3934.25	1256.40	2080.03	1081.58	2413.74	2227.27	2070.52
2012	2167.99	3128.10	4169.42	1262.07	2223.20	1067.44	2480.28	2293.39	2141.32

年份	劳均粮食产量	湖北省	湖南省	广东省	广西壮族自治区	海南省	重庆市	四川省	贵州省
2003	1361.88	1713.91	1216.11	923.31	945.83	1109.12	1305.11	1242.20	825.33
2004	1517.95	1895.06	1328.78	906.01	914.90	1005.82	1418.20	1316.34	880.71
2005	1598.18	1972.72	1363.92	912.21	985.23	796.56	1481.83	1370.90	901.25
2006	1677.08	1919.10	1370.53	810.35	949.35	830.19	1065.40	1248.44	825.39
2007	1727.90	2048.71	1412.44	838.25	928.17	895.27	1510.11	1356.18	898.41
2008	1854.98	2179.89	1488.58	810.04	917.71	915.26	1676.93	1433.24	962.72
2009	1881.38	2354.43	1550.07	859.29	949.66	918.48	1715.52	1475.80	969.87
2010	1960.10	2482.27	1527.14	880.59	910.05	874.04	1812.35	1506.35	928.72
2011	2075.23	2675.07	1577.85	948.21	921.60	908.36	1832.13	1561.05	745.16
2012	2167.99	2757.14	1615.83	1004.88	954.79	943.58	1912.07	1595.99	938.97

年份	劳均粮食产量	云南省	西藏自治区	陕西省	甘肃省	青海省	宁夏回族自治区	新疆维吾尔自治区	
2003	1361.88	868.81	1115.47	976.26	1053.18	639.88	1823.38	2361.21	
2004	1517.95	892.15	1132.14	1068.85	1057.51	663.57	2004.76	2376.65	
2005	1598.18	895.38	1094.19	1094.28	1097.86	715.79	2106.72	2565.18	
2006	1677.08	865.73	1073.26	1098.10	1068.58	788.89	2326.30	2585.98	
2007	1727.90	874.31	1077.18	1139.67	1104.26	870.90	2359.26	2464.81	
2008	1854.98	913.89	1080.19	1215.75	1209.70	846.82	2432.15	2611.09	
2009	1881.38	950.82	1008.86	1275.18	1240.97	853.33	2614.63	3179.82	
2010	1960.10	925.83	998.08	1352.11	1314.79	846.26	2821.73	3154.63	
2011	2075.23	1015.62	1021.91	1428.41	1408.93	864.58	2882.75	3146.59	
2012	2167.99	1071.28	1031.69	1545.17	1570.63	871.06	3068.59	3097.02	

附录5 2003~2014年全国省市自治区粮食总播种面积

单位：千公顷

年份	粮食作物总播种面积	北京市	天津市	河北省	山西省	内蒙古自治区	辽宁省	吉林省	黑龙江省
2003	99410.37	141.34	258.10	5943.98	2833.64	4051.47	2743.27	4013.75	8114.70
2004	101606.03	154.49	263.54	6003.42	2925.38	4181.10	2906.70	4312.08	8458.00
2005	104278.38	192.20	287.66	6240.24	3033.59	4373.58	3052.00	4294.50	8650.80
2006	104957.70	219.58	284.33	6271.71	2833.27	4936.78	3089.72	4236.60	10525.73
2007	105638.36	197.49	292.01	6168.23	3028.21	5119.87	3127.20	4334.69	10820.46
2008	106792.65	226.33	293.51	6158.11	3111.33	5254.48	3035.90	4391.22	10988.93
2009	108985.75	226.29	306.64	6216.50	3146.66	5424.00	3124.10	4427.70	11391.03
2010	109876.09	223.47	311.78	6282.20	3239.23	5498.72	3179.30	4492.24	11454.70
2011	110573.02	209.38	310.79	6286.11	3287.85	5561.50	3169.80	4545.05	11502.93
2012	111204.59	193.87	322.92	6302.37	3291.50	5589.40	3217.35	4610.30	11519.54
2013	111955.56	158.91	332.79	6315.87	3274.30	5617.30	3226.41	4789.90	11564.36
2014	112722.58								

年份	粮食作物总播种面积	上海市	江苏省	浙江省	安徽省	福建省	江西省	山东省	河南省
2003	99410.37	148.33	4659.47	1427.77	6157.20	1471.08	3051.12	6415.41	8923.33
2004	101606.03	154.69	4774.59	1454.53	6312.20	1482.35	3350.07	6176.32	8970.07
2005	104278.38	166.06	4909.48	1510.79	6410.90	1441.29	3441.47	6711.73	9153.41
2006	104957.70	165.49	5110.80	1253.16	6443.40	1226.94	3547.13	6999.13	9455.94
2007	105638.36	169.59	5215.59	1219.57	6477.81	1201.05	3525.27	6936.49	9468.03
2008	106792.65	174.52	5267.10	1271.63	6561.10	1210.27	3578.07	6955.61	9600.00
2009	108985.75	193.27	5272.04	1290.09	6605.57	1231.01	3604.60	7030.09	9683.61
2010	109876.09	179.18	5282.36	1275.83	6616.42	1232.30	3639.13	7084.80	9740.17
2011	110573.02	186.34	5319.20	1254.13	6621.54	1226.79	3650.07	7145.82	9859.87
2012	111204.59	187.61	5336.56	1251.55	6622.00	1201.13	3675.93	7202.33	9985.15
2013	111955.56	168.51	5360.77	1253.74	6625.30	1202.05	3690.85	7294.58	10081.81
2014	112722.58								

续表

年份	粮食作物总播种面积	湖北省	湖南省	广东省	广西壮族自治区	海南省	重庆市	四川省	贵州省
2003	99410.37	3557.76	4529.79	2771.90	3470.00	541.76	2469.00	6387.30	3021.30
2004	101606.03	3712.37	4754.10	2789.70	3511.20	471.77	2516.44	6476.50	3037.21
2005	104278.38	3926.81	4838.60	2786.50	3496.20	423.75	2501.26	6564.84	3073.74
2006	104957.70	3902.27	4545.40	2466.67	3133.20	379.07	2155.50	6455.46	2836.02
2007	105638.36	3981.43	4531.30	2479.53	2983.99	402.64	2195.77	6450.00	2821.84
2008	106792.65	3906.69	4588.80	2499.94	2973.05	421.28	2215.41	6430.90	2919.57
2009	108985.75	4012.53	4799.10	2538.50	3067.50	430.43	2229.49	6419.40	2984.73
2010	109876.09	4068.37	4809.10	2531.93	3061.06	437.21	2243.89	6402.00	3039.50
2011	110573.02	4122.07	4879.58	2530.43	3072.81	430.60	2259.41	6440.50	3055.56
2012	111204.59	4180.05	4908.04	2540.18	3069.10	438.61	2259.61	6468.20	3054.28
2013	111955.56	4258.40	4936.57	2507.62	3076.02	421.80	2253.91	6469.90	3118.42
2014	112722.58								

年份	粮食作物总播种面积	云南省	西藏自治区	陕西省	甘肃省	青海省	宁夏回族自治区	新疆维吾尔自治区	
2003	99410.37	4068.40	185.92	3122.80	2499.46	248.00	805.32	1377.20	
2004	101606.03	4158.47	179.79	3134.10	2534.60	244.70	791.66	1413.90	
2005	104278.38	4253.93	177.68	3263.90	2587.19	245.57	775.91	1492.80	
2006	104957.70	4022.13	171.65	3081.27	2598.84	301.64	793.47	1515.40	
2007	105638.36	3994.46	171.78	3099.81	2687.03	301.83	856.33	1379.06	
2008	106792.65	4095.93	170.62	3126.01	2682.99	271.99	826.16	1585.20	
2009	108985.75	4200.13	169.43	3133.97	2740.03	275.72	826.88	1984.70	
2010	109876.09	4274.40	170.15	3159.70	2799.78	274.51	844.05	2028.60	
2011	110573.02	4326.90	170.15	3134.87	2833.65	279.41	852.44	2047.48	
2012	111204.59	4399.57	170.86	3127.53	2839.40	280.18	828.30	2131.17	
2013	111955.56	4499.40	175.87	3105.13	2858.70	279.97	801.60	2234.80	
2014	112722.58								

附录6 2003~2012年全国省市自治区农村人均粮食出售量

单位：公斤

年份	农村居民人均粮食出售量	北京市	天津市	河北省	山西省	内蒙古自治区	辽宁省	吉林省	黑龙江省
2003	294.35	152.40	225.38	249.72	133.20	606.12	786.25	1785.46	1672.23
2004	287.25	108.85	263.56	283.26	154.66	693.25	847.67	1449.11	1411.15
2005	375.79	155.26	184.21	371.08	174.22	861.52	1176.19	2152.48	2001.39
2006	394.64	143.43	223.48	420.55	232.76	864.72	962.20	1874.06	2089.17
2007	394.06	182.09	199.77	384.35	231.02	896.39	955.90	1994.92	2146.83
2008	444.45	148.04	199.42	414.91	275.24	1087.89	1129.43	2476.95	2713.47
2009	482.93	148.55	311.47	476.16	358.76	1145.59	1111.14	2850.97	2780.53
2010	460.46	129.51	309.61	395.65	327.61	901.98	1029.53	2431.72	3088.99
2011	481.45	149.46	291.04	535.84	310.46	1144.56	1219.57	2648.42	2768.79
2012	529.75	141.13	341.61	604.39	389.18	1128.76	1289.99	2871.78	3457.81
年份	农村居民人均粮食出售量	上海市	江苏省	浙江省	安徽省	福建省	江西省	山东省	河南省
2003	294.35	108.63	328.89	92.68	260.74	69.56	317.11	393.95	280.35
2004	287.25	51.32	302.55	67.96	329.58	41.06	354.68	360.11	289.29
2005	375.79	80.87	386.36	83.78	444.13	105.43	436.33	424.47	366.64
2006	394.64	59.83	419.54	72.43	596.42	107.94	483.64	478.06	480.87
2007	394.06	51.05	473.22	86.32	562.56	107.77	464.55	461.53	453.71
2008	444.45	34.03	474.98	78.05	593.10	109.62	496.26	535.16	528.71
2009	482.93	51.72	511.13	80.66	621.14	114.60	543.77	568.82	546.95
2010	460.46	56.89	454.56	77.88	679.66	132.92	527.10	563.16	540.07
2011	481.45	51.08	562.64	75.82	713.65	106.29	474.23	547.88	633.68
2012	529.75	44.16	576.91	71.14	761.31	115.65	486.79	632.95	670.57

年份	农村居民人均粮食出售量	湖北省	湖南省	广东省	广西壮族自治区	海南省	重庆市	四川省	贵州省
2003	294.35	299.98	145.42	97.69	87.09	85.38	71.67	76.84	62.97
2004	287.25	302.52	143.29	98.55	97.45	84.90	67.78	76.04	67.07
2005	375.79	382.44	184.91	91.04	126.75	59.51	69.09	80.56	64.87
2006	394.64	390.18	208.54	89.34	136.21	77.67	66.62	93.44	66.72
2007	394.06	385.88	191.56	82.35	151.77	77.92	79.58	98.96	68.93
2008	444.45	390.36	224.98	82.53	141.56	53.27	78.99	91.08	70.79
2009	482.93	421.69	283.77	83.02	167.38	81.89	106.65	114.64	76.77
2010	460.46	447.06	245.30	82.05	148.12	54.25	88.28	85.50	56.60
2011	481.45	451.65	206.57	80.08	150.07	34.19	102.09	100.00	81.75
2012	529.75	488.55	200.56	71.76	136.61	52.59	111.58	97.64	49.38

年份	农村居民人均粮食出售量	云南省	西藏自治区	陕西省	甘肃省	青海省	宁夏回族自治区	新疆维吾尔自治区
2003	294.35	92.31	31.78	142.53	120.37	32.69	325.11	321.80
2004	287.25	92.91	37.51	162.27	122.84	24.50	418.24	308.47
2005	375.79	100.27	69.24	185.89	192.01	68.52	477.98	497.28
2006	394.64	122.60	55.60	215.94	179.83	67.72	466.16	447.59
2007	394.06	117.67	52.05	221.21	200.62	73.04	434.01	426.25
2008	444.45	108.35	69.41	247.11	197.34	70.18	410.90	427.77
2009	482.93	101.94	83.63	279.88	219.79	99.85	428.68	573.91
2010	460.46	85.89	42.18	210.75	205.85	77.89	395.62	634.74
2011	481.45	112.58	41.02	257.20	252.24	71.74	438.49	806.43
2012	529.75	104.84	74.15	276.02	285.66	84.39	496.02	1009.94

附录7 2003~2013年全国省市自治区亿元粮食市场数量

单位：个

年份	全国粮油市场数量	北京市	天津市	河北省	山西省	内蒙古自治区	辽宁省	吉林省	黑龙江省
2003	42								
2004	50								
2005	146								
2006	86								
2007	91	4	2	8		4	4		2
2008	99	3	2	9	1	5	5	1	2
2009	102	3	3	8	1	6	4	1	2
2010	109	3	3	8	1	6	2	1	2
2011	111	3	2	9	1	4	4	1	2
2012	111	3	2	9	1	5	4	1	2
2013	103	3	2	6	1	4	3		2
年份	全国粮油市场数量	上海市	江苏省	浙江省	安徽省	福建省	江西省	山东省	河南省
2003	42								
2004	50								
2005	146								
2006	86								
2007	91	4	7	17	2	5	3	9	4
2008	99	4	7	14	2	3	2	14	2
2009	102	3	7	17	3	3	2	14	4
2010	109	5	7	16	4	3	2	16	5
2011	111	4	7	16	4	3	2	17	5
2012	111	4	7	15	3	3	2	17	5
2013	103	4	9	16	2	3	2	17	5

续表

年份	全国粮油市场数量	湖北省	湖南省	广东省	广西壮族自治区	海南省	重庆市	四川省	贵州省
2003	42								
2004	50								
2005	146								
2006	86								
2007	91	1	1	4				1	2
2008	99	2	2	7	1		1	2	2
2009	102	2	3	5	1		1	1	1
2010	109	1	4	10			1	1	2
2011	111	2	4	10			1	2	2
2012	111	1	5	9			1	3	2
2013	103	1	5	6			1	3	2

年份	全国粮油市场数量	云南省	西藏自治区	陕西省	甘肃省	青海省	宁夏回族自治区	新疆维吾尔自治区
2003	42							
2004	50							
2005	146							
2006	86							
2007	91	3		1	1	1		1
2008	99	2		1	1	1		1
2009	102	2		1	1	1		2
2010	109	1		1	2	1		1
2011	111	1		1	2	1		1
2012	111	1		1	2	1	1	1
2013	103	1		1	2		1	1

附录 8 2003~2013 年全国省市自治区粮油市场成交额

单位：万元

年份	粮油市场成交额	北京市	天津市	河北省	山西省	内蒙古自治区	辽宁省	吉林省	黑龙江省
2003	1888515								
2004	3060917								
2005	6876279								
2006	5203031								
2007	7206756	560006	252375	385206		71757	48845		139730
2008	8490445	596213	277838	415151	15000	88136	237672	392600	183059
2009	12907058	590935	1732994	403695	14000	115700	217327	384000	224686
2010	14677318	678978	990225	417059	64000	229218	207796	412000	259937
2011	14369982	1244501	287330	606935	65000	86506	251121	478866	383429
2012	16412602	1427796	264313	623964	65000	253018	226118	682000	547843
2013	15651110	1715710	329500	351307	66000	125004	265647		531320
年份	粮油市场成交额	上海市	江苏省	浙江省	安徽省	福建省	江西省	山东省	河南省
2003	1888515								
2004	3060917								
2005	6876279								
2006	5203031								
2007	7206756	274864	877919	1485780	69489	451592	532882	685770	134579
2008	8490445	295131	841722	1273177	76341	372063	151839	1210522	52000
2009	12907058	973271	966618	1330181	258546	368930	261300	1883170	1314550
2010	14677318	1311085	1101028	1533984	308405	225480	747460	2183123	1388993
2011	14369982	459304	1378069	1649365	244480	205003	462055	2442096	840458
2012	16412602	474601	1469062	2390001	260460	212773	34174	1981437	718042
2013	15651110	352813	1883554	2542121	150724	220664	187409	3119196	636197

年份	粮油市场成交额	湖北省	湖南省	广东省	广西壮族自治区	海南省	重庆市	四川省	贵州省
2003	1888515								
2004	3060917								
2005	6876279								
2006	5203031								
2007	7206756	16834	28000	408912				70000	239400
2008	8490445	43596	136507	776059	34236		54583	89000	333000
2009	12907058	31734	235932	717515	25920		54583	87000	91000
2010	14677318	15780	266304	1174932			66960	10200	410000
2011	14369982	88028	315986	1346618			68530	192420	440000
2012	16412602	12000	350701	1669774			80732	223967	455178
2013	15651110	12000	370132	1014228			83416	218720	702100

年份	粮油市场成交额	云南省	西藏自治区	陕西省	甘肃省	青海省	宁夏回族自治区	新疆维吾尔自治区	
2003	1888515								
2004	3060917								
2005	6876279								
2006	5203031								
2007	7206756	160971		96000	67753	90000		59092	
2008	8490445	172086		130837	67753	113879		60445	
2009	12907058	138658		150000	96850	107726		130237	
2010	14677318	195739		200000	178972	69660		30000	
2011	14369982	201456		276653	204024	79929		71820	
2012	16412602	239244		260000	211764	170303	55328	53000	
2013	15651110	239650		274799	209969		13930	35000	

附录 9 2014 年各省市粮食产量排名

单位：万吨

排　名	产　量	地　区
1	6242.19	黑龙江省
2	5772.3	河南省
3	4596.6	山东省
4	3532.84	吉林省
5	3490.62	江苏省
6	3415.83	安徽省
7	3374.9	四川省
8	3360.17	河北省
9	3001.26	湖南省
10	2753.01	内蒙古自治区
11	2584.17	湖北省
12	2143.5	江西省
13	1860.7	云南省
14	1753.9	辽宁省
15	1534.41	广西壮族自治区
16	1414.47	新疆维吾尔自治区
17	1357.34	广东省
18	1330.78	山西省
19	1197.78	陕西省
20	1158.65	甘肃省
21	1144.54	重庆市
22	1138.5	贵州省
23	757.41	浙江省
24	667.03	福建省
25	377.9	宁夏回族自治区
26	186.6	海南省
27	175.95	天津市
28	112.54	上海市
29	104.81	青海省
30	97.97	西藏自治区
31	63.94	北京市

附录10 2014~2015年中国粮食安全评估专家座谈会纪要

——粮食安全第16次研讨会

2015年5月21日,"2014~2015年粮食安全评估专家座谈会"在中国地理标志产品商城举行,参加座谈会的有中国粮食经济学会常务理事教授丁声俊、广东财经大学教授王克军、中华粮网总编辑孟凡军、中华粮网易达研究院首席研究员孙忠、中华粮网电子商务部副部长代艳伟、盛华宏林粮油批发市场总经理兼盛华宏林购董事长吴玉芝、盛华宏林粮油批发市场高级顾问于涛、盛华宏林粮油批发市场总经理助理王林东、中国地理标志产品商城董事长侯续江、中国食品(农产品)电子商务研究院院长、北京工商大学商业经济研究所所长洪涛、北京工商大学研究生李健、研究生李春晓、《粮油市场报》记者赵瑞华、《中国经济导报》记者曲一歌等参加了会议,会议由洪涛教授主持。

侯续江发言

从我的角度来说,接触中国农业的时间比较晚,两年以前才真正接触到。我公司是北京地大物博电子商务有限公司,以前在丰台总部基地,现在搬到北京新发地农产品批发市场。主要业务有:①中国地理标志产品会展业务,也就是品牌农业的推广——中国地理标准产品博物馆。②中国地理标志产品商城平台。③中国地理标志产品社区O2O,卖地方的土特产。中国地理标志产品从目前来说有三个部委负责认证,一是国家工商总局,二是农业部,三是质监局。目前中国地理标志产品有6000多种。

洪涛发言

我首先介绍一下基本情况,今天的会议是"2014~2015中国粮食安全评估专家座谈会",2014 年我们发布了《中国粮食安全发展报告 2013~2014》,今天的研讨主题是 2014~2015 年中国粮食安全评估。

2014 年出版的报告是我国第一本粮食安全评估发展报告,弥补了我国粮食安全发展报告的空白。不同于以往的《中国粮食市场发展报告》、《中国粮食年鉴》、《中国的粮食问题》(白皮书)。该报告是 2013 年教育部哲学社会科学发展报告培育项目,主要从评估角度对我国粮食安全进行评估,分别从粮食生产安全、消费安全、交易安全、进出口安全、物流保障安全、金融安全、财政安全、储备安全、信息预警安全进行评估和研究,报告初步建立了我国粮食安全评估指标体系,对 2014 年"一号文件"、2013 年出版的专著、论文、项目、研讨会进行了总结,也记录了中国粮食安全评估高层研讨会纪要。

我们的《发展报告》主要由粮食生产流通安全评估和保障体系安全评估两个部分组成。2009 年来,洪涛教授先后举办了 15 次粮食安全问题的研讨会,并且形成了以洪涛教授为代表的研究队伍,得到了国务院发展研究中心、国家粮食局、国家粮食局粮食科学研究院、中国郑州粮食批发市场、中华粮网、经济管理出版社、粮食咨询决策杂志、中国食品业诚信联盟、龙宝溯源商城(现

"717 商城")等以及媒体的大力支持。

本报告按照新的粮食安全及其保障体系概念编写,从全球—区域—地方、动态、保障体系、品种、空间层次等角度研究了粮食安全,《发展报告》涉及粮食安全保障体系的组织机构、目标、原则、方式、机制等内容;按照粮食安全保障体系的构架,我国具有在粮食少的情况下保证粮食安全的实力与技巧,但是缺乏在粮食供过于求的前提下的宏观调控;按照粮食安全设计建立了一个保障体系,将原指标体系做了科学的、合理的、经济的、低碳的、绿色的、环保的、符合我国的实际情况和开放经济的发展方向与趋势的调整;《发展报告》确定了粮食安全的等级层次,以粮食供求平衡为中心形成无警——粮食安全,以粮食安全为中心向两边,分为短缺和过剩的 8 个不同的层次,警度级别名称分为 9 种;《发展报告》对我国粮食安全保障体系进行了评价。

孙忠发言:2014 年我国稻谷安全现状评估分析

一、总体评估

2014 年我国粮食种植面积 11274 万公顷,比上年增加 78 万公顷。全年粮食产量 60710 万吨,比上年增加 516 万吨,增产 0.9%。其中,早稻产量 3401

万吨，减产 0.4%；秋粮产量 43649 万吨，增产 0.1%。全年谷物产量 55727 万吨，比上年增产 0.8%。其中，稻谷产量 20643 万吨，增产 1.4%。实现产量"十一连增"。

2014 年我国稻谷总供给量约 4190 亿斤（20950 万吨），总需求量约 3929 亿斤（19645 万吨），年度结余 261 亿斤（1305 万吨），分别比 2012 年、2013 年增加节余 26 亿斤（130 万吨）及 21 亿斤（105 万吨）。

将稻谷安全参数（稻谷总供给量与总需求量之比）设定如下：

1.05 < 安全 ≤ 1.10

1.00 < 比较安全 ≤ 1.05

0.95 < 不安全 ≤ 1.00

0.90 < 危机 ≤ 0.95

2014 年我国稻谷供需比为 1.07。

2014 年度我国稻谷供需状况总体属于安全级。

二、我国稻谷产量区域平衡性安全评估

（1）当前我国稻米区域性供求存在不平衡的矛盾。主要体现为居民主食消费习惯不一，稻谷主产区与主销区不一致，稻米生产者与消费者所在区域不同步。

（2）分别从黑龙江、辽宁、江苏、吉林、安徽、江西、河南、湖北、湖南、四川、广西、云南、贵州 13 个主产稻谷省进行了分析。

（3）2014 年我国 13 个稻谷主产省合计稻谷产量 15110.97 万吨。其中黑龙江、江苏、安徽、江西、湖南、湖北、四川、广西 8 省合计产量 12368.79 万吨，占 81.85%。黑龙江、吉林、辽宁三省合计产量 3488.5 万吨，占 23.09%。按人均每天消费大米 200 克计算，东北三省和南方 13 省两大地区年均消费大米分别为 801.25 万吨、4939.91 万吨，折算稻谷分别为 1232.69 万吨、7599.86 万吨，分别占 13 省总产量的 8.16%、50.29%。广东省农业部门统计，2014 年广东粮食产量 1357 万吨，增长 3.1%。稻谷产量 1092 万吨，增长 4.5%。其中早稻产量 523 万吨，增长 0.4%，亩产 390 公斤，提高 7 公斤；晚稻产量 568 万吨，增长 8.5%，亩产 379 斤，提高 31 公斤。预计"十二五"末广东省粮食需求总量将达到 4300 万吨，产需缺口 3000 万吨，其中口粮 90% 以上为大米。

区域之间产量不平衡，导致稻谷市场宏观调控、物流运输、居民需求等要素之间存在矛盾。

参照我国粮食安全总体评估的级别划分"安全、比较安全、不安全、危机"四个档次，将我国稻谷产量区域平衡性评估为"比较安全"级别。

三、我国稻米品种安全评估

2014 年我国稻谷总供给量为 4190 亿斤，其中产量 4100 亿斤，进口 90 亿斤。其中早籼稻产量 660 亿斤，中晚籼稻产量 2045 亿斤，粳稻产量 1395 亿斤。年度节余分别为 261 亿斤、38 亿斤、98 亿斤、125 亿斤。

近年来，我国粮食净调出省份（区）减少到 5 个，分别为黑龙江、吉林、内蒙古、安徽、江西。随着国家加大对东北地区粮食生产的投入，东北粳稻产量连年提高。南方地区居民对优质籼米的需求越来越旺。由于优质籼米供不应求，不少居民舍近求远，部分改吃东北粳米，这一方面抑制了南方优质籼米的生产，另一方面加剧了东北粳米北粮南运的运力紧张。2014 年湖南优质稻产量占稻谷产量的比重为 65.6%，比 2009 年提高 6.9 个百分点。但优质稻产量远远不能满足居民对优质大米需求的需要。继续扩大优质稻种植面积、增加优质稻产量的潜力仍然很大。

将 2014 年度我国稻谷品种供求评估为"比较安全"级别。建议国家在推进优质大米工程的战略中，东北粳米增产计划与南方优质籼米推广计划应同步推进，主动促进南、北优质大米品种的良性平衡。否则，我国稻谷品种供求可能走向"不安全"状态。

四、我国稻米进口安全评估

2000 年我国稻米出口量大于进口量，2011 年我国成为稻米净进口国，2014 年净进口大米达到 213.8 万吨。

将 2011～2014 年以越南米为代表的进口米价格走势与国内标一晚籼米价格走势进行对比，发现两者虽然存在一定相关性，但联系并不是特别紧密。越南进口大米价格较低，国内稻米价格较高。间接影响有放大效应、经营心理、种植引导等。

稻米进口安全参数（进口量占当年国内总消费量之比）设定为：

1.0 < 安全 ≤ 2.0

2.0 < 比较安全 ≤ 2.5

2.5 < 不安全 ≤ 3.0

3.0 < 进口危机 ≤ 3.5

2014 年中国进口大米 255.7 万吨，其中净进口大米 213.8 万吨，按出米率 65% 计算，占当年国内大米总供给量 13617.5 万吨的 1.57%，占当年消费量 12769.25 万吨的 1.67%。2014 年度我国稻米进口总量属于安全级。

稻米进口来源国占比参数（该国进口量占当年进口总量之比）设定为：

25% < 安全 ≤ 30%

30% < 比较安全 ≤ 40%

40% < 不安全 ≤ 50%

50% < 进口危机 ≤ 60%

2014 年我国分别从越南、泰国、巴

基斯坦进口 124.96 万吨、72.78 万吨、40.64 万吨，分别占总进口量 255.7 万吨的 48.87%、28.46% 及 15.89%。进口大米来源集中在越南，而且以中低档品种为主，不仅对我国南方籼稻主产区构成严重冲击，而且有违我国"调剂国内大米品种结构"的初衷。2014 年度我国稻米进口来源国占比属于不安全级。

孟凡军发言：2014 年中国小麦以及玉米安全状况评估分析

一、中国小麦安全评估

1. 产量

产量连续两个年度出现较大幅度减产，连续三个年度产不足消，连续三年挖库存。

据中华粮网数据显示，2014 年全国小麦总产量约 11500 万吨，较上年增加 9.63%，属于恢复性增产。虽然 2015 年国家继续在主产区实行小麦最低收购价政策，有利于稳定农民种粮收益预期，但受耕地及水资源限制、土地流转进程中部分转种经济作物、河北省部分耕地调整为生态用地压减小麦面积等影响，近两年来部分主产区小麦播种面积呈现下降趋势。预计 2014/2015 年度全国冬小麦播种面积为 3.39 亿亩，与上年基本持平。

2. 消费量

受宏观经济形势、玉米与小麦比价变化等影响，2014/2015 年度国内小麦消费量将保持基本稳定。其中，口粮需求随人口增加继续呈刚性增长态势，但增速放缓；由于新季玉米价格表现平淡，小麦替代玉米用于饲料的优势下降，在养殖业仍不景气、玉米库存水平较高等因素影响下，预计年度内小麦饲用消费增幅有限。整体看，2014/2015 年度国内小麦消费量约 11900 万吨，比上年度增加 735 万吨。

3. 进出口

据美国农业部 12 月供需报告预计，2014/2015 年度全球小麦产量达到创纪录的 7.22 亿吨，比上年度增加 741 万吨；消费量 7.13 亿吨，比上年度增加 865 万吨；期末库存 1.95 亿吨，比上年度增加 960 万吨，库存水平有所增加。

受此影响，2014/2015 年度我国小麦商业进口数量有限，预计约 250 万吨，较上年度减少 415 万吨。在进口量大幅增加的背景下，预计 2013/2014 年度国内小麦库存水平 6000 多万吨。库存消费比仍然维持在 55% 左右。

4. 粮食流通

我国作为粮食生产和消费大国，粮食物流需要进一步完善，搞好粮食物流是稳定粮食价格、保证粮食安全的因素之一。在我国，小麦是仅次于水稻的谷物，中国小麦产量和消费量多年来一直在 1 亿吨左右。良好的物流体系对小麦在全国范围的流通起着至关重要的作用。

5. 地区特征

我国小麦生产主要集中于黄淮地区，各地区生产的规模和品种结构差异较大。北方小麦产量大于消费量，南方产量小于消费量。小麦跨省调运数量日趋庞大，南北方小麦存在较大价格差，这就需要完善的粮食物流保障体系确保小麦运输和价格稳定。

6. 库存结构变动

陈麦库存总量下降，当前农户库存较低，政策性库存回升，以 2014 年产小麦为主。

7. 小麦最低收购价格

2015 年小麦最低收购价即将公布，综合各方信息，继续提价可能性较大，但幅度可能不会大。如果继续提价将拉抬 2014 政策小麦拍卖底价，对市场有拉动作用。

8. 小麦价格

一方面托市价逐年提高，另一方面，受制于外围环境及加工利润等多种因素影响，价格继续向上拓展空间有限，市场运行空间缩窄。在当前市场价格水平之下，预计国内小麦价格仍有一定的上涨空间。

9. 安全评估

第一，从生产和消费方面来讲，我国小麦产量和消费量逐年增加，但总体上能够自给自足，能够基本保证小麦安全。第二，从流通体系来讲，我国粮食流通体系的不完善，影响我国小麦跨地区的流通，存在小麦安全问题。

10. 小麦安全问题及建议

（1）生产安全。

存在问题：①耕地面积：城镇化和农村土地流转中的非农化现象，减少了小麦种植面积，影响小麦的产量。②农业生产环境：水资源的短缺和污染，土地的污染和气候的负面作用，影响小麦的产量。③农业现代化：农业生产设备不足，水利工程不够完善等因素，影响小麦的产量。④小麦价格低廉，农民收益得不到保障，影响种粮积极性。

建议：①加强耕地保护和基础设施建设，增强农业综合生产能力。②促进粮食产品价格适度上涨，不断增加农民种粮收益。③支持农业生产服务体系建设，不断提高农业现代化水平。④进一步完善种粮财政补贴政策，充分发挥补贴资金作用。⑤推广农业保险，为种植农产品提供保障。

（2）消费安全。

存在问题：①消费区域不平衡。②消费用途结构不平衡。③消费观念存在误区。④小麦消费品种结构性矛盾突出。⑤小麦质量满足不了国内消费需求，质量存在安全问题。

建议：①加强保护耕地，完善农业补贴制度，有效保护农民种粮利益和积极性，保证小麦的生产。②工业消费要在保证口粮消费的基础上突破技术难关。③允许部分充裕小麦出口，以免过剩，同时有利于稳定小麦价格。④合理调整产业结构，多生产加工用的优质小麦。⑤严格标准、加强监督，确保小麦质量安全。

（3）物流体系。

存在问题：①物流基础设施设备发展不足。②产销衔接不畅，北粮南运粮食物流瓶颈。③粮食流通成本较高。④信息化、网络化建设相对落后。

建议：①强化对粮食基础设施的建设力度。②加快粮食物流企业的合资合作，推进粮食流通国际化。③加强专业人才的培养，满足粮食物流现代化的需要。④促进粮食加工业的发展。

二、中国玉米安全研究评估

1. 我国玉米生产发展情况

1978 年，我国玉米种植面积只有2.99 亿亩，远低于小麦的 4.37 亿亩和稻谷的 5.1 亿亩。2007 年，玉米种植面积达 4.42 亿亩，超过稻谷（4.3 亿亩）和小麦（3.5 亿亩）。2012 年，全国玉米产量为 20812 万吨，超过稻谷产量（383万吨），玉米取代稻谷成为我国第一大粮食作物。2013 年，全国玉米播种面积为 5.46 亿亩，总产量达到 21880 万吨。

2014 年，全国玉米播种面积为 5.54 亿亩，总产量达到 21230 万吨。

2. 国内玉米供需现状

我国玉米产区主要分布在东北、华北地区，作为主要的饲料原料，随着我国经济高速发展，人民收入水平不断提高，肉蛋奶消费量增速强劲，带动了玉米饲料消费量快速增长。另外，玉米深加工行业从 2005 年开始快速发展，玉米用量连年大幅增长。需求强劲增长刺激了国内玉米面积和产量迅速扩张。

我国曾经是主要的玉米出口国之一，根据海关数据，2005 年以前，国内玉米出口量都稳定在 60 亿斤以上，部分年份达到 120 亿~140 亿斤。随着国内消费量的快速增长，国内玉米库存消耗迅速，并刺激新的生产和进口。2011 年，我国玉米进口量超过 100 亿斤，近几年维持在 60 亿斤左右，成为国际市场玉米新买家。由于国内玉米生产增长潜力有限，再加上随着经济好转、消费量预期呈增长态势，从中期来看，国内玉米进口存在扩大的可能性。

2011~2014 年连续四个年度出现结余。消费增幅赶不上产量增幅。玉米供求完全发生了变化，进入宽松阶段。

3. 消费

饲用玉米消费增速放缓，既与肉蛋类消费增幅有关，又与替代品有关。深加工消费回落的主要原因是经济放缓，也与原料成本抑制有关。

4. 库存

连续多年玉米产量出现较大增幅，消费量增幅放缓，年度结余量较大。

（1）比较收益驱动争地因素。

（2）政策引导：《全国新增 1000 亿斤粮食生产能力规划（2009~2020 年）》。

（3）未统计的现在入统了。

5. 单产

（1）我国玉米单产水平是最高单产国家平均水平的 65%~70%。

（2）省际间玉米单产相差较大。

6. 进口

前几年进口增加属于弥补性进口，近两年进口属于替代性进口。

进口玉米的成本较低，价格是其最大的优势，也是进口量增加的重要原因。

7. 替代品

2014 年 1~9 月大麦进口量同比增148%，高粱进口量同比增 83%，大部分为美国饲用高粱。

8. 市场

截至 2014 年 12 月 5 日，国内玉米主产区累计收购新季玉米 2600 多万吨，同比增加 700 多万吨，国内玉米收购进度明显快于 2013 年同期。

9. 安全评估

自 2012 年以来，国内玉米生产逐渐恢复，特别是近年来随着国家临时收储政策的执行及临储收购价格的不断提

高，东北玉米播种面积持续增加，国内玉米总产量持续创出历史新高。

而与此对应的是，受全球及国内经济不景气等因素影响，国内玉米深加工进入调整周期，饲用玉米消费增幅也逐渐放缓，国内玉米产消结余量开始增加。另外，由于国内外价差的拉大，玉米出口渠道受阻，而受进口玉米价格优势的驱动，玉米进口量总体保持相对较高的水平，这成为当前国内玉米阶段性过剩的主要原因。

最近两年，临储玉米收储量保持较高规模，主要原因一是近年来国内玉米产消结余量较大，而国际贸易受玉米价差的影响出现了只有进口、没有出口的局面，多余的玉米缺乏有效的消化渠道；二是受宏观经济形势低迷等因素影响，饲用及工业玉米消费都出现滞增现象。

受临储收购等政策支持而居于高位的玉米价格导致饲料养殖及深加工企业普遍面临较大的成本压力，近年来玉米产业链下游企业总体保持了较低的周转库存。

在此形势下，随着临储收购量的增大，政策因素对市场的影响越来越大，国内玉米市场活力进一步降低，各级市场主体参与收购的积极性下降，从而形成了临储收购主导国内玉米购销的局面。

尽管近两年国内玉米出现阶段性过

剩余局面，但长期看其供求缺口相对较大，单靠扩大播种面积并不可行。

从国家粮食安全战略考虑，首先要保证口粮供应，不能把更多的耕地资源分配在玉米生产上。在外延性资源越来越少的条件下，内涵发展必然是实现玉米增产的根本出路。其中，一方面是通过育种和施肥手段及先进的栽培技术措施，提升玉米生物体的能量转化效率；另一方面，改善农田生产条件，包括土地整理、农田水利设施建设等，为作物生长创造良好的生产环境条件。

另外，当前我国玉米供给结构和需求结构还存在一定差距。其中，畜牧业对玉米饲料的利用不尽合理，青贮玉米比重偏低，饲料转化率不高；在深加工方面，由于加工需求弹性较大，如果不加以控制，市场很可能出现"与民争粮"状况，导致玉米供求缺口不断扩大。

10. 我国玉米安全所面临的主要问题

（1）中长期国内玉米供求仍将保持紧平衡格局。

（2）玉米持续增产的长效机制尚未建立。

（3）现行调控政策对市场干预过多。

（4）农村劳动力结构性短缺。

（5）生产成本上升与比较效益下降。

（6）主产区利益补偿机制不健全。

（7）农业自然灾害多发重发。

（8）玉米的商品属性、金融属性凸

显，价格波动将更为频繁。

（9）物流体系仍存在明显短板。

11. 落实国家粮食安全的基本思路

（1）提高粮食综合生产能力，确保粮食数量上的安全。①促进粮食生产稳定增加。②合理引导粮食消费，确保口粮绝对安全。③重视科学节粮、节约用粮。④充分利用国际市场，适度进口，调剂国内粮食余缺。

（2）合理引导生产和储备，确保粮食品种结构上的安全。①建立保障优先顺序，确保口粮绝对安全、谷物基本自给。②适应市场需求，优化粮食储备结构和区域布局。

（3）强化监管和引导，确保粮食质量上的安全。①按需生产，逐渐提高优质粮源种植比例。②完善储备机制，全面提高粮食储备质量。③培育支持龙头企业，不断改善粮食物流产业。④完善食品安全法规，强化食品产销环节监管。

12. 落实国家粮食安全战略政策建议

（1）深化改革，完善宏观调控机制。①进一步树立深化改革的理念。②科学的宏观调控，有效的政府治理。

（2）健全和完善国内粮食生产、流通机制。①完善粮食生产扶持机制，促进农业可持续发展。②进一步完善国内粮食流通机制。

（3）实施"海外战略"，推进农业"走出去"。①完善粮食进出口调控机制。②建立海外粮食动态储备。③提高粮食贸易话语权。④建立稳定的粮食产销关系。⑤控制国内粮油产业链。

中华粮网电子商务部副部长代艳伟发言

一、中国粮食电子商务发展历程

从 1998 年起，中国郑州粮食批发市场与国内数家省级粮食批发市场开始联合开发建设《粮食电子商务系统平台》，迈出了粮食流通行业现代化变革的第一步。

2003 年以来，重点粮食批发市场信息化步伐加快，均已建立了先进、完善、统一的多模式综合电子交易平台，形成了粮食行业开展电子交易的有形基础。

2006 年《国家临时存储粮食销售办法》出台，国家有关部门第一次明文许可粮食可以在网上进行流通。

2007 年，国家通过中储粮总公司利用现代电子交易平台，实现了全年国内小麦市场价格的总体稳定，粮食电子交易平台逐渐成为国家宏观调控的重要载体。

目前，全国各地粮食批发市场积极利用电子交易手段开展地方粮油的购销交易活动的同时，部分市场对电子交易模式不断创新，差异化经营。

二、中国粮食电子商务发展现状

1. 国家政策助力粮食电子商务发展

政策的制定为粮食行业电子商务的健康发展提供了有力保障，加强了粮食资源宏观调控能力，有效推动了粮食行业信息化建设，稳定了粮食价格的合理水平，加快了粮食产业升级，促进了粮食行业电子商务平台的良性运作，为国内粮食市场体系建设发挥了重要作用。21 世纪以来，中央出台指导"三农"的"一号文件"有 12 个。

2. 现代化技术完善粮食流通手段

创新信息技术高速发展的今天，传统的企业管理与运营模式正在发生着深刻的变化。近年来，我国粮食科技创新技术不断提高，传统的粮食流通手段被现代化技术设备逐步替代。

3. 粮食批发市场发展面临新机遇

随着计算机和网络技术的应用，我国粮食批发市场正迎来一个转型升级的新时期，由传统市场向现代市场"提档升级"。

4. O2O 粮食电商模式发展迅速

随着全球电子商务迅猛发展，平台化趋势越加明显，B2B、B2C 模式的日益成熟使得电子商务模式不断创新。O2O 商业模式成为了电子商务发展的必然趋势，而 O2O+本地化经营模式也在不断演变，促进了企业线上线下资源的有机融合。

5. 网上交易保护农民利益

近年来，我国不断加大粮食生产扶持力度，国家通过增加各项种粮补贴、实施粮食最低收购价政策等措施，有效提高了农民种粮积极性，保障了粮食市场供应，稳定了我国粮食市场的供需平衡，确保了国家粮食安全。

2014 年，以中华粮网为代表的电子商务服务平台共举办国家临时存储小麦竞价销售交易会 48 场，交易总量 1368 万吨，共成交 670 万吨，总成交率 49%。从 2006 年至今，交易总量 7.42 亿吨，共成交 1.09 亿吨，总成交率 14.7%。

6. 订单农业助力农业大发展

订单农业有助于打造名牌农产品，使农业产业化在销售环节上有了拳头产品，从而更好地在市场化经营浪潮里立足生根。订单农业的发展完善了风控机制，强化了定价机制，使农业产业化最受瞩目的收益问题得以解决。

7. 网络金融服务满足现代农业多元化需求

为加强农业金融服务建设、健全农村金融体系、满足现代农业多元化的资金需求，各地区政府、企业等积极推行"三农"金融服务策略。

三、粮食电子商务主要面临的安全问题

1. 粮食电子商务信息安全问题

粮食电子商务信息安全涉及信息丢失、泄露、不完整，信息篡改，信息滞后，信息虚假等方面。

2. 粮食电子商务交易安全问题

粮食电子商务交易安全是指粮食电子商务交易过程中存在的各种不安全因素，包括交易的确认、货品和服务的提供、货品和服务的质量、货款的支付等方面的安全问题。

3. 粮食电子商务资金安全问题

粮食电子商务资金安全是指由于各种原因造成粮食电子商务参与者面临的资金等经济利益风险。资金安全往往是粮食电子商务安全问题的最终形式，也是粮食电子商务信息安全问题和粮食电子商务交易安全问题的后果。

4. 粮食电子商务安全问题的来源

（1）硬件层面。粮食电子商务的基础是网络，而网络的物理支撑是各种硬件设施，这些硬件设施会由于各种原因带来安全风险。

（2）软件层面。网络不仅需要硬件，更需要软件，各种系统软件、应用软件是网络运行所必需的，是粮食电子商务的另一个支撑点。

（3）应用层面。①企业管理水平低，人员素质不高。②交易客户电子商务知识贫乏，安全意识不高。③相关法律法规不健全。④监管主体不明确，监管缺失。⑤粮食质量监督信息系统建设不完善。⑥监督处罚机制不到位。

四、粮食电子商务安全对策

1. 建立完善的粮食行业信用体系

建立粮食电子商务信用体系，能够一定程度上有效规避电子交易带来的风险，规范交易行为。粮食行业各类经营主体纷纷参与网上交易；90%的企业用"线上交流，线下交易"的方式完成订单；未能真正地体现电子商务带来的价值。

2. 建设完善的粮食电子商务法律体系

制定专门规范粮食电子交易的法律法规，弥补交易行为、内部风险控制和交易机制的法律监管缺位，使此交易市场的设立、运行和管理等均有法可依。一方面加强政府对粮食电子交易市场的监管，明确监管机构，解决无管理主体的问题；另一方面建立较为严格的核准制，提高市场的准入门槛，实行严格的市场准入管理。

3. 成立粮食电子商务协会，加强行业监管

成立粮食电子商务行业协会，可以增强行业的自律，规范会员职业行为，提高会员商业道德，维护行业规范有序、公平竞争的发展环境。

4. 通过技术手段，加强网络安全、交易安全

通过利用防火墙技术、VPN技术、网络反病毒技术等保障粮食电子商务网络安全，利用加密技术、认证技术、CA中心等手段加强粮食电子商务交易安全。

5. 加速粮食电子商务人才的培养

优秀的粮食电子商务人才应该既具备行业背景，又懂得金融、管理知识，还必须要有良好的职业道德和操守。国家、相关行业及交易中心应该共同努力，加强人才创新奖励和人才激励制度，为粮食电子商务建设不断注入新的活力。

6. 完善现代化的粮食物流体系

粮食电子商务采用实物交割形式，通过完善现代化物流体系，基于物联网、云计算、定位、地理信息等技术，整合公路、水路、铁路运输等部门的基础物流信息，研究建立统一采集指标、统一编码规则、统一传输格式、统一接口规范、统一追溯规程的全国和区域粮食物流公共信息平台，能够提高交割完成的效率，降低运输成本，缩短买卖双方交易时间，有助于粮食电子商务优势的发挥。

北京工商大学研究生李健发言

一、关于2014~2015年粮食生产安全方面的分析

2014年，我国粮食产量实现"十一连增"，从生产和消费两个角度来看我国的粮食形势，过去11年，粮食生产的年均增长率在2.82%左右，其中单产的贡献率大概是52%，面积增加对生产

的贡献率大概是 32%，粮食品种的结构性调整对增产的贡献率是 16% 左右。粮食消费年增长比粮食产量增长快，粮食消费年增长 3.39% 左右。2014 年我国进口了超过 1 亿吨粮食，加上 2013 年我国增产了 6 亿吨，2014 年消费大概 7 亿吨，我国实际需求是 6.5 亿吨，实际上有 5000 万吨左右是由于价格差拉动的情况，而不是供需缺口导致的情况。

2020 年粮食生产的极限产量大概为 6.5 亿吨，但目前资源、环境已经亮起了红灯，所以要调整经济发展结构，转变经济发展方式，为资源环境腾出一点空间。把粮食生产目标维持在目前 6.1 亿吨左右的水平，这样到 2020 年，如果粮食需求量为预测的大概 7.2 亿吨，我们还能基本上达到自给率 85% 的水平。

二、"转变农业发展方式，加快现代化农业建设"

探究 2014 年我国政府在保障粮食安全方面的总体发展思路，我们不难发现其中的主旋律："转变农业发展方式，加快农业现代化建设"。中央最早是在 2007 年 10 月发布的中共十七大报告中首次提出"转变农业发展方式"之后，在 2010 年颁布的中央"一号文件"中，又进一步提出，要"促进农业发展方式转变"；在 2014 年的中央"一号文件"的提法是"推进农业发展方式转变"。2015 年中央"一号文件"对"转变农业发展方式"，又有了进一步的提法，由"促进"、"推进"上升为"加快"。

在 2014 年中央经济工作会议上，习近平总书记指出，我国经济发展进入新常态，新常态反映在农业领域，表现为农村经济发展的速度变化、结构优化和动力转化，归根结底是要加快转变农业发展方式，把"加快转变农业发展方式"列入 2015 年经济工作五大任务之一。2015 年 2 月 1 日发布的中央"一号文件"——《关于加大改革创新力度加快农业现代化建设的若干意见》中，也把"围绕建设现代农业，加快转变农业发展方式"列入文件要点。

北京工商大学研究生李春晓发言

目前我国粮食市场日益国际化，国内粮食价格与世界粮价相互影响，形成较强的联动。2004~2014 年，我国粮食连续"十一连增"。但是我国粮食安全保障体系不完善，存在的许多潜在风险和问题应引起人们的高度重视。城镇化促进了粮食消费数量和质量的增长，耕地污染加剧、恶劣天气的变化、水资源短缺、农村劳动力不足、农业人才流失等问题，直接危及粮食安全。种粮利润低，使得粮食主产区为了获得更高利润而忽略粮食种植，大搞工业化、城镇化。土地失控，使得耕地流失成为中国粮食安全的最大威胁,"18亿亩红线"很难坚守。

对我国现阶段粮食安全状况的判断,以及对影响我国粮食产业链各环节安全的各种因素的系统分析仍是十分必要。

2014年,粮食总产和粮食单产分别达到了12142亿斤和359公斤,创历史新高。同时,我国的人均粮食占有量居于历史最高,接近900斤。中国已经连续8年登上10000亿斤台阶,连续4年登上11000亿斤台阶,连续两年登上12000亿斤台阶。2014年中央"一号文件"再次聚焦"三农"问题,强调要转变农业发展方式,从追求产量为主转到数量、质量、效益并重上。

2014年粮食进口量达到最高,进口总量1亿吨,这1亿吨中70%以上进口的是大豆,达到了7140万吨。谷物类进口量只有1952万吨,仅占粮食总产量的3.2%。玉米进口量下降到20.4%,小麦进口量也是下降的。只有大米及一些工业用粮有了增加,如高粱、大麦。2014年及之前几年的粮食进口主要是因为国际市场的粮食品种价格普遍低于国内。我们国内现在粮食需求的多样化日趋明显,不是简单地仅满足于口粮,现在工业和其他方面的用粮在日益增加。另外,我们国家实施的国家粮食安全新战略已经开始发挥作用。所以,我们国家的粮食安全形势是很好的。

实际上,2013年我国大米、谷物等已经是净进口状态,大豆等饲料用粮的进口量近年更是逐年攀升。农产品价格内外价差大已经成为近几年导致粮食进口越来越多的最直接因素。一方面来自于需求变化对总量的要求;另一方面是这两年,特别是2014年,全球的资源性物质价格大幅度下跌,粮食类农产品价格也出现了大幅下跌。低价农产品进口越来越多,国内生产由于各方面的物质投入,特别是人工成本(包括土地租地成本)越来越往上走。进口农产品价格往下走,中国农产品生产成本往上走,中国农业生产的空间被压缩。

这是从粮食进口量与国内产量来比较的,进口量占国内产量比例不大,但是从国际贸易角度来看,中国粮食安全不能只靠国际市场,进口量过大对粮食安全有很大问题。中国大豆占全球贸易比重达到80%左右,全球近1/3的高粱被中国买了。如果国内农产品价格一直上涨,必然导致劳动力成本上涨,致使工业品价格上涨,全球竞争力下降。工业品是我国换取外汇的主要渠道,如果工业品出口"出不去"了,我国就没法换取外汇,进而就没有能力去国外买粮,到时候国内农产品价就会大幅上涨,就到了影响国家经济社会安全的严重程度了。

北京盛华宏林粮油批发市场高级顾问于涛发言

北京盛华宏林粮油批发市场有限公司，地处京城东南，位于东四环和东五环之间，紧邻京哈高速公路，处于进京的最佳地段。盛华宏林粮油批发市场是以销区为主的粮油批发综合市场，是国家粮食局重点联系的26家粮油批发市场之一，也是年批发量在万吨以上的11家粮油市场之一。在北京地区的大米供应上，有40%左右出自我们的粮油市场。盛华宏林粮油批发市场中，有90%左右的大米来自东北地区，7%左右是来自江苏、安徽及部分湖南的籼米，其余的主要来自天津、河北唐山等地区。在杂粮供应上，盛华宏林在10余个粮油批发市场中占据了60%左右。

盛华宏林处于粮食安全保障体系中的流通环节，也承担着北京地区1万吨左右的粮食储备任务，是集流通与储备功能于一体的粮油批发市场。在台账方面，盛华宏林的300多家粮食经销商的资质齐全，否则无法进入市场。另外在产品的供应上，经销商也需提供完整的资质和检测报告，同时盛华宏林也设置了专门的检测中心，包括对申请流入市场的产品进行感官，如色泽、味道、气味等方面的检测，对重金属方面的检测

及农药残留等方面的检测。

在1万吨左右的粮食储备保障上，盛华宏林也做出了相应的工作。如考虑到粮食流向分销商，设置了"4个月轮查"制度，在量上得到保证。另外结合盛华宏林的一套检测制度，质量上也能得到保证。从这两个角度总体上来说，可以看出目前北京地区的粮食安全状况是可以保证的。

北京盛华宏林粮油批发市场总经理兼盛华宏林购董事长吴玉芝发言

从盛华宏林粮油批发市场的角度来说，对2013年以来粮食安全状况进行评估的话，总体上来说是处于安全水平的。从2010年开始，盛华宏林粮油批发市场开始发挥起1万吨粮食储备这一作用，其中8000吨左右的大米、2000吨左右的面粉。目前，盛华宏林粮油批发市场探索O2O模式，产区供货，销地批发。

广东财经大学王克军发言

在粮食安全的认识上，主要有以下两个方面：一是粮食安全要从数量安全转到数量与质量并重；二是在对粮食安全状况的评估上，不要把粮食安全评分打得过高，适当偏低的话可以引起相应

的危机感。

通过实地调研，有以下五个方面的直接感受：

（1）种粮效益比较低，种粮积极性不高。

（2）良田弃荒面积逐年增加。

（3）种粮劳动力偏老龄化。

（4）耕地面积逐年减少。

（5）农户储量被乐观扩大化。

中国粮食经济学会常务理事、研究员丁声俊发言

在粮食安全评估研究方面，提出以下五点建议：

一是在粮食安全指标体系构建上，应该采取数量、质量和效益并重的原则进行。二是在新常态下，要以习近平同志提出的"以我为主、立足国内、确保产能、适度进口、科技支撑"新形势下国家粮食安全战略为大前提。在粮食安全的构想方面，在原先四化的基础上又增加了绿色化这一新的构想。三是应考虑"一带一路"对中国粮食安全方面的影响。四是对粮食安全新常态的研究，目前的学者研究成果中，经常将粮食安全新常态泛化开来，这是不可取的，应该概括出重大的、规律性的具有粮食方面标签的新常态。五是粮食新的商业模式，在"互联网+"背景下，进行粮食

商业模式的创新。

2014 年在中国粮食领域面临的新问题，主要表现在以下八个方面：

一是优质粮食品种越来越少。二是粮食生产进入"高成本"时代。三是粮食市场严重扭曲，在粮食产量高、收购量高、粮食库存量高的同时，粮食进口量也在偏高。四是"稻强米弱"现象明显，这一现象在黑龙江地区表现得尤为突出，大约 2/3 左右的粮食加工处于停产、半停产状态。究其原因，主要是托市收购和临储两个方面。五是在粮食生产方面，主产区吃亏。如果在利益机制方面得不到解决的话，会严重影响粮农的种粮积极性。六是粮食行政管理机构边缘化，功能逐渐减弱。七是从粮食批发市场的角度来说，多中心化问题严重，不易形成全国统一性的价格。八是粮食银行风险高。

另外，在粮食安全研究中要注意的问题方面，主要有以下四个方面：

一是在粮食安全研究中，应把"粮食经纪人"这一新兴的市场经济主体考虑在内。二是新型合作制问题，涉及工商资本下乡这一话题。三是农经思想问题——规模性经营，农业现代化不单是指土地经营的规模，它是现代生产要素的优化综合；另外在粮食储备方面，也无须沿用 FAO 设置的安全线，要结合我国国情设置相应的安全标准线。四是粮

食安全"两本账：安全账、成本账"，在考虑安全的同时，也要把成本方面的因素考虑进来。

在粮食安全的治理上，主要包括以下五个方面：

一是低碳生产治理；二是高端生态治理；三是现代市场治理；四是绿色消费治理；五是合理机制治理。

洪涛教授总结发言

感谢各位专家和企业家的参会和积极发言，使我们对粮食安全评估研究受益匪浅。2014 年 9 月《中国粮食安全发展报告 2013~2014》发布后，引起社会各界广泛关注，媒体转载率超过 400 多篇，产生了积极影响。在新的形势下，2014~2015 年中国粮食安全评估的研究工作要与时俱进，要适应我国由数量型向质量效益型转型的方向，考虑数量、质量、效益三者并重的评价。

在粮食生产安全方面，不能单纯地追求产量上的"十二连增"，随着人们对食物营养安全方面的追求，我们更应该考虑粮食在质量方面的研究，要随着社会发展的变化，在评价指标选取方面，也要做出相应的变化。

在粮食流通安全方面，要把期货市场、大粮食商品交易的效果进行评价，粮食批发市场的评估、粮食进出口、粮食物流配送等的评估，也要考虑在内。在粮食物流方面要考虑"北粮南运"、"北出南进"、"西杂东进"等的评估，在粮食产后损耗、浪费方面，也要做出相应的评估。

在粮食消费安全方面，包括粮食浪费及粮食消费的可持续性等方面的因素，也要考虑进来。

在粮食政策安全方面，包括中央、国务院政策，农业部、商务部、国家粮食局、国家农发行、国家工商行政管理总局、国家质量检测总局、全国供销合作社等出台的政策也应做相应的评估。

在粮食财政补贴安全及粮食税收安全等方面，要坚持粮食财政投入适度、税收政策有效的原则。在粮食金融支持及其粮食保险方面，也要做出更进一步的评估研究。希望大家在今天会议的基础上迅速修订完稿，《中国粮食安全发展报告 2014~2015》早日完成。

（本纪要由李春晓、李健整理）

附录11 2015年中国粮食安全评估高层研讨会纪要

为了总结评估2014年我国粮食安全，探讨2015年粮食安全发展趋势，建设具有中国特色的粮食安全体系，北京工商大学商业经济研究所、中国食品（农产品）安全电子商务研究院、中华粮网、经济管理出版社、中国食品业诚信联盟、盛华宏林粮食批发市场有限公司、盛华宏林购（网站）、龙宝溯源网站联合举办"2015中国粮食安全评估高层研讨会"，同时发布《中国粮食安全发展报告2014~2015》。

参加研讨会的有国家粮食局原局长、中国市场学会理事长高铁生，中国国际经济交流中心学术委员会副主任黄海，中国食品业诚信联盟副主席、龙宝溯源网CEO张传林，中国人民大学农业发展学院副院长、教授孔祥智，国家军用食品动员中心主任韩忠贵、副主任陆先进，中国食品工业协会食品物流专业委员会副会长张签名，中华粮网总编辑孟凡军，中华粮网易达研究院院长焦善伟，中华粮网电子商务部电子商务总监

孙圣元，盛华宏林粮油批发市场有限公司总经理吴玉芝、执行总经理于涛、总经理助理王林东，盛华宏林购运营总监周家刚，易粮宝网站董事长王金柱、CEO王玉宝，中国食品（农产品）电子商务研究院院长、教授洪涛，北京工商大学经济学院教授徐振宇，新华社记者姜刚，《人民日报》财经记者王浩，北京工商大学研究生雷雪妍、研究生齐驰名等参加了会议，会议由张传林副主席主持。

洪涛教授发布《中国粮食安全发展报告2014~2015》

一、《报告》的框架体系

《报告》主要由9个方面组成：导论、2014~2015年我国粮食安全现状分析、2014~2015年我国稻谷安全现状分析、2014~2015年我国小麦安全现状分析、2014~2015年我国玉米安全现状分析、2014~2015年我国马铃薯安全现状分析、2014~2015年我国粮食电子商务

安全现状分析、2014~2015 年我国粮食生产安全现状分析、2014~2015 年我国粮食金融安全现状分析。

二、国际国内背景

（一）"十二连增"的国内背景（见附图 11-1）

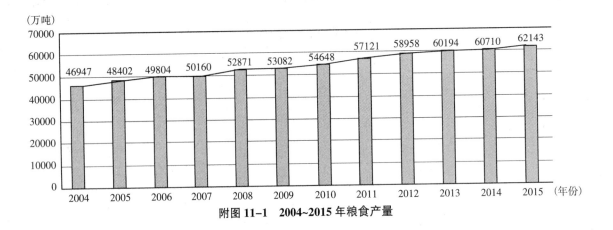

附图 11-1　2004~2015 年粮食产量

2004 年以来，我国粮食"十二连增"，从 46947 万吨上升至 2015 年的 62143 万吨，增加了 15196 万吨。2015 年粮食"四增两减"，其中"四增"指：一是小麦增长 2.58%、二是稻谷增加 1.24%、三是玉米增长 3.23%、四是薯类增产 26.37%；"两减"是指：一是杂粮减产 1.41%、二是豆类减产 3.31%。

（二）世界谷物连续 3 年超 25 亿吨背景

根据联合国粮农组织（FAO）预测，2015 年世界谷物产量为创纪录的 25.56 亿吨，比 20 世纪 90 年代初的 20 亿吨增加了 5 亿多吨，其中中国增产粮食超过了 1.6 亿吨。2013~2015 年世界谷物产量连续 3 年超过 25 亿吨。

三、粮食安全评估报告的理论依据（见附图 11-2）

警度级别名称	安全等级名称
短缺巨警	粮食危机
短缺重警	粮食不安全
短缺中警	粮食比较安全
短缺轻警	
无警	粮食安全
过剩轻警	粮食比较安全
过剩中警	
过剩重警	粮食不安全
过剩巨警	粮食危机

附图 11-2　粮食安全的等级层次

四、2014年粮食安全评估

（一）2014年中国粮食"三量齐增"

2014年，我国粮食产量实现"十一连增"，粮食进口数量不断攀升；粮食的库存量也达到近年高点——我国粮食正呈现生产量、进口量、库存量"三量齐增"的现象。

（二）2014年电子商务安全分析

1. 粮食流通领域电商模式创新

（1）2014年中华粮网、中国网上粮食市场、中国安徽粮食批发市场交易网、中国谷物网、宁波网上粮食市场、台州网上粮食市场、黑龙江中米网、哈尔滨网上粮食交易市场、我买网、北京买粮网、京粮点到网、盛华宏林购引起关注。

（2）2014年以中华粮网为代表的电子商务服务平台共举办国家临时存储小麦竞价销售交易会48场，交易总量1368万吨，共成交670万吨，总成交率49%。郑州粮食批发市场积极开发商品粮场际交易新模式，2014年成交粮油100余万吨，成交金额近30亿元；我买网除了粮油、食品、果蔬等农产品外还有许多其他品种，2014年交易额20亿元。

2. 粮油加工领域电商模式创新

（1）北京粮食集团于2011年投资上线的食品类B2C电子商务网站"点到网"，主要产品为米面、粮油、食品、酒饮等，打破以往传统商超模式，2014

年加快其发展速度。

（2）金龙鱼进军电商起步晚，不是自建平台，而是采用与1号店、易迅、京东商城等合作的方式，目前在几大电商的粮油份额与实体店份额比较接近。

（3）西安爱菊粮油"电商+店商"O2O模式启动。2014年9月22日，西安爱菊粮油集团全面启动社区电子商务项目——"电商+店商"O2O模式，依托西安市700多个连锁网点，按照"预约订货、就近取货、验货付款、买退自由"的原则，消费者可以通过网站、手机、预约机和电话订货的方式，任意选择爱菊放心产品，订单下达后，客服中心将根据预定时间分两个时间段安排配送。爱菊集团进入电商，以爱菊系列米、面、油、主食、豆制品作为核心产品，并以全国各地的名牌副食产品作为补充。

（4）恒大粮油自营平台与第三方平台"双运行"。

自营平台。2015年4月15日，恒大粮油产品分别在自营平台恒优米App、恒优米官方商城、京东商城、天猫、我买网五大电商平台实现全面上线，构建起了传统渠道、商超渠道与电子渠道的立体化的恒大粮油销售体系。

依托第三方平台。恒大粮油在第三方电商平台天猫、京东商城、我买网建旗舰店，起到互为补充、最大化整合资源的重要作用。更重要的是，第三电商平台的成熟运作模式、丰富"实战"经验，对恒大粮油着力打造的自营电子销售服务平台——"恒优米"能够起到积极的借鉴作用。

（5）2014 年 8 月 7~8 日，中国网上粮食市场早稻交易会在江西省上饶市举行。当日举行两场网上交易，网上共竞价交易成交 4.27 万吨粮食，成交额 1.23 亿元，网下洽谈成交 10.45 万吨粮食，成交额 3 亿元。近年来，上饶市与浙江衢州、温州、台州、绍兴 4 市（县）紧密合作，已成功举办 4 届早稻网上交易会。2014 年的交易会主办方增加到 7 个，吸引了浙江、广东、黑龙江等 9 个省、近 600 名粮食部门的领导和粮食企业的负责人参会。4 年来，中国网上粮食市场早稻交易会共网上交易粮食 17 万吨，金额 4.5 亿元，参会人数 2000 余人。

（6）天津粮油商品交易所推出了一种崭新的"OPO"电商模式——"找粮网"。吉林东福米业、梅河大米公司和柳河国信米业等 8 家企业入驻淘宝"吉林大米馆"。

（三）我国粮食安全的四大问题和四大影响

1. 四大问题

粮食价格"天花板"问题、粮食生产成本"地板"问题、粮食补贴"黄线"问题、粮食生态环境"红灯"问题。

2. 四大影响

粮食高进口带来的负面影响、我国粮食出口竞争力下降影响、我国粮食高库存"滞胀"影响、我国粮食可持续发展影响。

（四）我国粮食安全近期值得重视的问题

（1）粮食消费疲软与粮食浪费并存。

（2）农地流转过快潜在威胁粮食安全。

（3）"走出去"垦田受到国际环境制约。

五、2015 年我国粮食安全评估预测

1. 我国粮食"十二连增"已成定局

我国粮食数量满足市场，但是质量、品质、品牌的需求仍然不能够满足，"粮食滞胀"开始显现。

2. 我国粮食政策"比较安全"

（1）2015 年中央"一号文件"将粮食安全放在第一位，文件针对增强粮食生产能力提出了许多细化要求，包括永久农田划定、高标准农田建设、耕地质量保护与提升及投融资等。同时提出科学确定主要农产品自给水平，合理安排农业产业发展优先顺序。

（2）最低收购价政策需要进一步完善。为保护农民利益，防止"谷贱伤农"，2015 年、2016 年国家继续在小麦主产区实行最低收购价政策。综合考虑粮食生产成本、市场供求、比较效益、国际市场价格和粮食产业发展等各方面

因素，经国务院批准，2015 年生产的小麦（三等）最低收购价为每 50 公斤 118 元，保持 2014 年水平不变。

（3）目标价格试点并不成功。

大豆目标价格改革并不成功，需要进一步完善。

3. 粮食库存亟待"去库存化"

截至 2015 年 5 月末，全国粮企原粮库存（贸易粮口径，下同）同比增加 24%，其中小麦库存同比增 19%，稻谷增 16%，玉米增 36%，大豆减 17%。

4. 粮食进口和国内粮食库存矛盾增大

5. 粮食比较安全，但是粮食不安全的因素增多

六、我国粮食安全的主要问题

1. 粮食价格"天花板"概念

国内粮食的价格比国际市场价要高，接近了"天花板"，这里的"天花板"指的是低关税配额内的进口粮食，关税配额对国内粮食等农业产业是重要的保护制度。经过多年的最低价格收购和临时收储制度，我国不少粮食农产品价格已经明显高于国际，关税配额已成为保护我国农产品价格的最后屏障。

2. 全球"两高"、"两低"

所谓全球"两高"、"两低"是指全球粮食产量历史新高、库存量历史新高、消费量增速降低、价格增幅降低。

七、中国粮食安全可持续发展的政策建议

（一）粮食生产由重数量向量、质、效并举

"两保"：第一，要保护和调动广大粮农种粮的积极性，使从事粮食生产成为一个受尊重的职业，成为一个能致富的职业。第二，要保护和调动好粮食主产区地方政府重农抓粮的积极性。政府应继续加大对粮食主产区和一批主产市、县的支持力度。主产省（区）的整个粮食产量占到全国的 75%，商品量占到全国的 80%，调出量占到 90%，把主产区抓好了，粮食安全就有了坚实的保证。

"两个提升"：第一，藏粮于地。要提升粮食基础保障的能力，变"藏粮于库"为"藏粮于地"。基础保障能力关键要落在切实守好耕地红线上，要把现在正在实施的永久基本农田规划好、落实好，要建设一批旱涝保收的高标准农田。第二，藏粮于技。要提升科技的支撑能力，加快现代种业发展，进一步推动农业科技推广运用。

（二）粮食消费向适度消费转型：重质量品质

1. 采取灵活的粮食进出口政策

（1）降低粮食成本，稳定粮食价格，保护粮农的利益。

（2）适当地限制进口、保持国内粮

价与国际粮价的联动。

（3）适当地减少陈粮库存和财政支出的作用。

2. 促进粮食加工产业的科技创新

我国以粮食作物来发展生物燃料在短期内很难实现，从长期来看也不利于保障我国的粮食安全，因此要大力发展以非粮作物为原料的生物燃料。

3. 倡导和普及粮食健康营养消费

开展营养公益性宣传，充分发挥各种新闻媒体的作用，进行广泛的营养教育宣传，引导我们国家居民的食物消费方向，提高全民科学、合理膳食的自觉性。

（三）粮食物流配送不安全因素引起社会关注

1. 以合理的物流成本保障粮食安全

2014 年我国粮食产量为 6.07 亿吨，商品粮 3.98 亿吨，其中跨省际粮食物流量达到 1.65 亿吨。粮食物流量越来越大，超过预期。

2. 加强对粮食物流的宏观调控职能

（1）协调政策性和经营性粮食物流的组织和运行。

（2）规划和协调粮食流向、粮食节点的布局。

（3）进一步完善政策、法规来约束粮食物流配送交易当事人的行为。

（4）在全社会范围内统筹粮食物流的体系。

3. 促进产区和销区对接

（1）销区在产区异地存粮等。

（2）建立物流企业与粮食加工企业的战略联盟等。

（四）粮食安全进出口政策建议

1. 坚持"立足国内保供给"和"利用两种资源"的方针

2. 加强国际粮食合作

（1）加强多方面的、多层次的国际合作。

（2）积极利用国际市场调剂余缺。

3. 确立分品种的自给率目标

进一步实现大米、小麦、玉米等粮食品种基本能够自给，其自给率可以设定在 90%~95%。

4. 适当限制进口和鼓励出口相协调

5. 严厉打击非法粮食走私活动

（五）提高粮食安全的财政效率政策

1. 整合财政支农资金，调整支农政策的目标和方式

（1）加大各种支农资金的整合力度，集中资金重点投入，提高资金效益，提高粮食的科技含量。

（2）改变投入方式，积极引入市场机制，采取政府直接投资、政府引导和民办公助、以奖代补等多种方式，政府和社会共同参与、共同投资、提高粮食综合生产能力。

2.提高财政投入和支持农村基础设施建设效率

（1）树立农业基础设施建设先行的意识。

（2）加大农业基础设施的投资。

（3）充分利用宏观调控政策手段引导和推动粮食生产结构、产品结构、生产区域结构和生态环境的调整和优化。

（六）进一步完善粮食目标价格制度

一是市场供求标准、二是生产成本标准、三是平均利润率标准、四是承受能力标准、五是国家财政负担能力标准、六是国际粮价标准。

盛华宏林购运营总监周家刚发言

我主要从以下五个方面介绍盛华宏林购电子交易批发平台，分别是市场介绍、平台定位、平台优势、发展战略、最终目标。

一、盛华宏林粮油批发市场介绍

北京盛华宏林粮油批发市场成立于 2003 年 7 月，占地面积 14 万平方米，是商务部、国家粮食局、北京市商委等部门重点联系单位，北京市农业产业化重点龙头企业，得到了各级政府的关注和政策的支持，目前承担着北京市政府 1 万吨的储备粮任务。大米交易量占北京市供应量的 40%，杂粮占 60%，水产品交易占 65%，是首都百姓的"粮袋子"、水产品批发集散地、"晴雨表"。经过多年的发展已成为粮油、水产为主，冷鲜肉、果蔬、副食调料等为重要补充的综合性农产品批发市场。

二、"盛华宏林购"的平台定位

网站定位：有形无形市场相结合。

项目口号：产供销一体化，食品质量可追溯。

项目理念：诚信、共赢。

网站宣言：你购物我负责，线上线下统一。

网站目标：打造全国农副产品电子专业批发平台。

平台开发目的：整合信息流、物流、资金流。

目标人群：批发市场，一、二、三级市场，各大超市，工矿企事业食堂餐饮业，团购，学校，部队，物流，仓储。

倾力打造全国最专业的、24 小时不打烊的农副产品网上批发平台。主要目的是让更多的生产基地、生产企业入驻市场、进入平台，减少流通环节。实现线下线上统一发展，让更多批发商以更低的价格、方便快捷地购买到优质的农副产品；同时通过自有资源及产品引进，建立直营批发商城，做大做活网上商城，营造良好购物环境，严把产品质量关，提升商品品质，树立企业品牌，真正实现网站宣言：你购物我负责，线上线下统一，构建从田园到餐桌的绿色通道。通过不断提高产品附加值，增加绿色、有机等产品，逐步增加物流中转仓储配套用地，提升企业流通能力，扩大销售网络，提升"盛华宏林购"电子交易（批发）平台的影响力。

三、"盛华宏林购"平台优势

（1）多区域多仓储＋进销存系统。

①分区域配送；②分仓库管理；③加快物流抢占先机；④提升形象彰显实力。

（2）自有物流体系。

（3）提供"三免"服务，即免费入驻、免费推广、免费服务。

（4）"四同"，即网上网下同一个市场、网上网下同一个店铺、网上网下同一个商品、网上网下同一个价格。

（5）网站以批发为主。

四、"盛华宏林购"发展战略

"盛华宏林购"引领农产品O2O电商新模式：立体化发展、内生外拓、科技孵化、打造品牌形象、引进复合型人才、互联网＋传统农批市场。

五、"盛华宏林购"最终目标

（1）"盛华宏林购"将打造服务于全国城市的"一站式"农产品电子交易（批发）平台。

（2）线上线下相统一、有形无形相结合，真正实现食品质量安全可追溯。

（3）从传统交易方式向电子交易方式转变，拓展发展空间，增加农产品新的交易类型。

（4）最终打造成基地、平台、消费者心目中"永不关门的最专业、最诚信、可追溯的网上批发交易平台"。

盛华宏林粮油批发市场有限公司总经理吴玉芝发言

今天借"2015中国粮食安全评估高层研讨会"平台，启动我们"盛华宏林购"网站，深感荣幸。新的起点新的机遇，今天我有充分的信心，相信"盛华宏林购"有我们在座的领导和嘉宾朋友的关心、支持与见证，一定会有进一步的发展，也让我们盛华宏林人用智慧和责任共同铸就"盛华宏林购"网站明天的辉煌。

现在诚邀各位领导专家见证我们"盛华宏林购"网站的启动仪式。我宣布"盛华宏林购"网站正式启动！

国家粮食局原局长，中国市场学会理事长高铁生发言

在世界粮食日到来之际，举办这样一场活动是非常有意义的，很高兴能够参加这样一个会议。今天我主要谈一谈我国粮食方面存在的一些问题，主要归结为十个方面，题目是《理顺十大关系，维护粮食安全》。

第一，理顺国际与国内的关系。

从客观上讲，粮食安全全球化、国际化是无法回避的；从主观上讲，我们自己也需要利用"两个市场"、"两种资源"。我国新的粮食安全战略也主要是国内适度的进口。但是如何更好地利用这"两个市场"、"两种资源"，如何更好地"引进来"、"走出去"？

现在以美国为主导的TPP贸易框架正在搭建，我们必须与更多的国家签订自贸协定。在这样新的形势下，我国粮食的产销与供求会受到哪些影响，会面临怎样的机遇和挑战，现在的粮价是一系列的成体系的倒挂，我们该如何妥善地解决？

现在面对"ABCD"几大跨国粮商，我们要不要建立自己的跨国公司，参加世界范围的博弈？我们要恪守余缺调剂的成规，还是扩大自己在粮食市场上的话语权和影响力？我们是不是要积极地倡导建立亚洲乃至国际粮食储备机制？我们是不是应当主导国际粮食安全协调机制？我国正在努力地推导"一带一路"国际战略的实施，粮食在"一带一路"战略的推进中准备承担什么样的角色？

第二，理顺粮食即期与远期的关系。

我们常说粮食面临着远危近忧，我们也常说粮食供求是一种紧平衡，但是我们在决策时常常把两者混为一谈。

从资源、环境、消费结构的变化来看，我们粮食的长期供求是一种"紧平衡"，但是短期内已经供大于求，还按照紧平衡决策就会产生问题。我们的粮食库存已经不适应，不能以紧平衡为依据来期待弥补未来的缺口。

当然也不能简单化地主张取消补贴、限产，损害粮食的产能，如何衔接长期和现实，调节产量和产能的关系是很重要的。

第三，理顺产区和销区的关系。

我们今年进一步完善了粮食生产责任制，但是我们是不是已经建立起了符合市场经济本质的产、销区之间长期稳定的产销关系、购销关系？我们对产销在粮食安全上所做出的贡献和获得的"红利"是不是有一个公平分担的制度设计，从而构建起经得起时间检验的利益平等机制？怎样去调和产区因为种粮而产生的对财政困境的抱怨，而销区要求放开进口，更多地享受国际低粮价好处之间的矛盾？

第四，理顺中央和地方的关系。

我们在粮食安全上强调中央和地方责任共担，但现实中，两者仍然存在矛盾。如何解决中央和地方在粮食安全的关注度上的巨大落差？怎样防止地方政府推诿责任和负担？如何通过制度设计让省长把维护粮食安全纳入其政绩观？如何把中央和地方储备体系结合起来？如何把原来转移给中储粮的地方的行政责任与担当复归给地方政府，从而结束中储粮"小马拉大车"的被动局面？这些都是需要解决的问题。

第五，理顺生产和流通的关系。

怎样避免粮食生产的成绩成为流通方面的负担？

从微观上讲，怎样解决农民卖粮不吃，吃粮不卖的问题？怎样使生产的评价体系和市场的评价能够一致？怎样使现行的对粮食生产流通的优惠政策集中使用，以实现效益最大化？怎样使赊粮的农工贸一体化和贸工农一体化更好地衔接起来？

第六，理顺政府与市场的关系。

改革至今，中国是否已经建立起一个高效的粮食市场体系？中国当前的粮食市场被诟病为政策性市场，是否名副其实？有学者认为，在这样的市场流通环境下，企业无法形成合理预期。政府已经成为最大的粮食买家，怎样使市场机制体现更多的决定性作用？怎样更好地发挥政府对粮食的宏观调控的作用和效果？怎样合理地设定灵活有效的区间调控机制？怎样合理地确定储备的规模、品种、结构、空间、布局？

第七，理顺数量与质量的关系。

我国经济已经进入新常态，城乡居民消费结构发生明显的变化，我们应当从对粮食数量安全的关注转向对粮食质量的关注。我们应更多地对粮食安全中的品质安全和营养安全给予更多的重视，从而建立起由田间到餐桌全过程的标准体系和追踪定位。但是我们相关工作的重点是否已经实现了转移呢？我们在粮食产业链的增值上怎样去给予更多的关注？我们何时能形成享誉国内外的粮食品牌呢？

第八，理顺粮食流通中的线上与线下的关系。

"互联网+"这一战略计划已经深刻地影响粮食乃至食品生产、流通和消费领域，农村已经被视为电商的最后一片蓝海，农产品包括粮食的垂直电商已经跃跃欲试，如何发展粮食的电商成为一个新的潮流。在此背景下，粮食批发市场等的传统粮食市场会受到哪些冲击，我们如何利用电商在突破时间空间限制上的优势，来提高粮食产销的市场匹配能力？在电商媒介购销的新常态下，我们的目标价格政策如何体现？

第九，理顺国企与民企的关系。

中共中央和国务院出台深化国有粮食企业改革的文件，在新形势下，如何推进国有粮食企业的改革？如何正确认识粮食商品的特殊性，以及国有粮食企业在市场中的定位？如何推进国有粮食企业的混合制改革？如何在新的流通中发展混合所有制经济？

第十，理顺粮食工作中的经济和政治的关系。

我国实现粮食立足国内，实现若干历史性的跨越，为世界粮食安全做出了巨大贡献，这也是我国政治安全重要的基石。但我们能否把这些巨大成就中的硬实力和正能量变成一种软实力呢？我们能否讲好中国的粮食故事使它成为在世界上具有影响力的软实力？中国是否应当考虑在维护世界粮食安全上做出与我国大国地位相称的担当和作为？我们能否向世界发展中国家提供更多的支持，派出我国的"粮食工作队"，帮助落后国家解决粮食困境？我们在粮食生产、加工、物流、储存等方面，是否应当在国际舞台上大展身手？

中国国际经济交流中心学术委员会副主任黄海发言

今天这个报告，从学术的角度讲是很科学的，并且对中国的粮食安全问题提出了一个相应的理论框架和指标体系。因此这个报告就具有一定的指导性和前瞻性。一些东西只是对过去进行分析意义不是很大，做出一套指标或者理论模型，这样对未来就很有意义，所以这个报告是很有价值的。但是有一个问题必须要提，就是粮食安全的概念。以前粮食安全都是指数量，包括储备。今天的粮食安全概念显然发展得更加宽泛，现在指粮食安全，除了总量，还有结构和质量的问题。质量就是从食品安全的角度来看，另外，还涉及财政安全、金融安全等。这里还有一个问题就是刚刚谈到的电子商务。因为电子商务现在主要谈论的是信息安全，这个指标体系如何与现实很好地结合起来？

因为现在经济发展进入了新常态，所以必须要明确提出来新常态下的粮食安全问题。

第一，粮食安全问题必须结合中国经济中长期发展的态势。在全国经济发展"7"（7%）的发展态势下，粮食安全涉及的问题肯定都会受到影响。我们现在的粮食生产中，很大一部分都是作为工业原料。如果整个工业速度回落了，在这种情况下对我们以前粮食生产中的系列指标都会有影响，所以就需要建立中长期发展的态势。

第二，必须要体现开放性经济的性质。今年国务院下发了很多文件，其中关于开放型经济的文件分量是非常高的。以前提出改革开放，现在提出开放型经济，说明开放的分量、位置更高了。另外就是目标价格的制度，报告中把国际粮价放在第六的位置，这个可能需要考虑一下。国际粮价也是靠供求关系决定，由供求决定价格是市场经济的基本原则。按照中央文件的说法，就是让市场在资源配置中起决定性作用，所以要将国际粮价的问题向上提。

第三，要关心社会上普遍的热点问题。这个报告不仅要给政府看、给学者看，更应该给老百姓看。比如储备粮食制度问题、转基因问题（如大豆转基因）。还有，像限制进口、鼓励出口这种政策我认为应当慎重考虑。

中国人民大学农业发展学院副院长 孔祥智发言

我主要谈论两个方面的问题，第一个问题是，我国已经实现"十二连增"，因此从生产的角度谈两点。第一点，保护生态环境。这是我们10多年来非常需要解决的问题，如何做到保护生态环境？我们用9%的耕地、6%的淡水养活20%的人口，这是很难平衡的。同时高投入、高产出和高资源环境消耗是一种典型的粗放式农业。2014年我们提出保障粮食的重要战略供给与增加资源环境承载能力的矛盾日益严重。

我曾在一篇文章中总结过五个方面的增加环境的代价，第一，基础地力明显下降；第二，化肥投入不断增加，同时效果在不断下降；第三，土地污染严重；第四，水资源浪费严重；第五，农业生态环境遭到严重破坏。简要将前两个方面的数字进行调查报告，所谓基础地力是指不使用任何肥料的时候的土地可以达到的产量，我们的基础地力的粮食产量大概是50%，发达国家大概是70%~80%。农业部从全国107个国家级耕地质量监测点获得一些数据，数据显示，近年来，基础地力贡献率下降了5%左右，但是新中国成立的60多年来，大体上是每10年东北大米的蛋白质含量下降1个百分点。并且化肥的利用率比较低，2012年化肥的使用量是18580万吨，同期粮食产量是58957万吨，相当于每生产1吨粮食需要315公斤的化肥，大概3:1，化肥使用过多。

第二点，农民生产粮食的积极性下降。生产资料价格在上涨，劳动力价格在上涨，但粮食价格并未上涨，所以农民生产粮食的积极性在下降。所以，明年是否种粮，种多少粮，是一个很大的问题。因此，不提价是不行的，但提价已经到达一定程度，那我们应该怎么办？

土地流转对粮食也有一定的影响，目前国内相当一部分学者认为土地流转对粮食有负面影响，我们针对此观点到河南和山东进行考察，尤其是企业流转土地。河南企业流转土地最多的在华县，有10万亩；合作社流转土地最多的在黑龙江，有5万亩。

第二个问题我将谈论下今后这些问题的走向，首先是储备，储备不够透明急需改革。联合国粮食组织的标准是17%~18%，我国达到40%，但是储量多是否就是好事？粮食储量多就需要大量的经费，并且还有中央和地方储备的衔接问题，储备和流通的问题。从长期来看，如何进行改革，2014~2015 年提出目标价格试点在东北大豆和新疆棉花上，个人判断粮食应该很难达到目标价格，所以长期的改革应该是目标价格。其次是农业结构调整，使种粮食真正能够获利，这就解决了粮食价格要增长的问题。我们在山东高密和河南进行调查发现，要想提高农民种粮积极性，只要制度创新并且有效，那一定能够降低粮食成本。比如高密采取托管，是流转的一种形式，大概能够降低 10%；河南通过土地流转形成一大批以年轻人领先的信息接收体，这对整个农业生产产生了不错的效果。

中国食品工业协会食品物流专业委员会副会长张签名发言

——"粮食物流：国家粮食安全的守护神"

粮食安全是我国的基本国策之一。这两年，随着《舌尖上的中国》的热播，人们都爱把食品安全形容为舌尖上的安全，其实，粮食安全才是直接关乎国人生命线安全的重中之重。它不仅是人们赖以生存的主食来源，也是几乎所有食品的重要原料，因此，可以说粮食安全是食品安全的基础和前提。

目前，我国粮食总产量已不是制约粮食安全的主要问题，建立连接产区与销区的高效率低成本的粮食物流体系，对于国家有效调控粮食市场、保障粮食安全至关重要。2013 年以来，我国粮食每年总物流量高达 1.7 亿吨，其中跨省粮食流量约 7000 万吨，但由于主产区主要集中在东北地区、黄淮地区和长江中下游地区，在粮食跨省调运数量日趋庞大的情况下，粮食物流对国家粮食的安全重要性就更加凸显。因此，现代粮食物流体系的建立就理所当然地被提到了议事日程上来。那么，什么是现代粮食物流？我国的粮食物流现在又是一种什么状况呢？

（1）"十一连增"的背后的一些思考。

早在 2013 年，国家粮食局局长任正晓便曾坦言，据国家粮食局测算，中国粮食产出后，每年仅在储藏、运输、加工等环节所损失的浪费总量，便超过 700 亿斤，相当于当年全国粮食生产总量的 5.8%。其中，中国的农户存粮又占去全国粮食年总产量的近半数，但由于农户的储存设施简陋，每年因发霉、虫蛀或遭老鼠雀鸟啃食的粮食损失超过 400 亿斤。

2014 年，我国粮食生产已实现"十一连增"、总产量达到 6.07 亿吨，年物流量约 2 亿吨，跨省区物流量约 1.2 亿吨。但是，这些粮食大部分仍采用传统的包粮运输方式（就是包装运输，主要用麻包袋），在包装、卸载过程中造成抛撒、遗留的耗损较大，由此造成我国粮食从产区到销区的物流成本比发达国家高出 1 倍左右，每年损失粮食约 800 万吨。究其主要原因：

一是主产区粮库的建设水平普遍落后。中国粮食的总产量从 2005 年的 4.84 亿吨一路增长，2013 年、2014 年两度突破 6 亿吨，但全国的仓容空间却没有相应增加。

以产粮大省吉林省为例，走访发现，除了个别配套设施完备的国储库，各地方粮库的仓储设施均十分简陋。在农安县前岗乡粮库，所有的粮食均存储在由苇席、竹片等材料制成的简易露天粮囤里。特别是连续下雨后，竹板、稻草吸潮后防水能力下降，部分露天囤外表腐烂严重，露出了里面的粮食。现在粮库都不敢搬倒存粮，因为有的露天囤已经腐烂进去 10~15 厘米，一搬倒就会把好粮和坏粮掺杂到一起，好粮反而坏得更快，只能眼睁睁地看着粮食一点点腐烂下去。仓库主任说，像前岗乡这种水平的粮库在整个东北地区非常普遍，如农安县 43 个粮库 80% 都是露天储粮，很多粮库比这里还差。据了解，在中国所有仓容设施中，高大平房仓、立筒仓、浅圆仓等现代化仓型，只占了全部仓房

的大约 60%；而在各类仓房当中，则只有 78% 安装了机械通风系统、57% 安装了计算机粮情测控系统、41% 安装使用了强制气体循环。

二是中间环节多，粮食损耗较高。长期从事粮食中转贸易的大连保税区宏润国际贸易有限公司董事长刘金成粗略算了一笔账，北粮南运主要靠铁路和海运。他通常在内蒙古通辽当地收购玉米，经过减斤、过磅、装编织袋后运到火车站，成本每吨约 40 元；火车运到大连港，每吨运费 50 多元；从火车站搬运到港口码头粮库每吨需 15 元；玉米装船费用每吨 60 多元；如果运到福建，海运费每吨在 60~80 元左右；加上港口仓储费、沿路玉米 2‰ 的损耗等各个环节的费用，每吨玉米从东北经过大连口岸运至福建，成本至少在 250 元，流通费用占销售总成本的 30% 左右。

三是铁路运力紧张，水路潜力开发不足。目前，北粮南运入关只有一条铁路线，通货能力明显不足的"瓶颈"问题长期得不到解决。长途运输时如果赶上车皮紧张，企业就需要付出高额的"请车费"，一节车厢要 5000 元左右，等于每吨粮食白白增加 80 元的成本。河南省驻马店市粮食局总经济师张医恩说，在河南等中部主产区公路交通比较发达，铁路压力被汽运有效缓解，但汽车运输成本较高，国家治理超载力度很

大，火车车皮仍是"香饽饽"，但每到年底的时候，车皮都很紧张。

四是散粮配套差，部分资源被闲置。目前产区粮库在散粮火车和汽车接收发放设施上十分匮乏，倒运基本是"小四轮"、农用车，目前东北地区70%左右都采用包粮运输，此前国家投资的部分散粮设备被束之高阁。河南物流专用车只有60多台，与实际需要相差太远，粮食物流全程几乎都是包粮，粮食在灌装、检斤、缝口、拆包等诸多环节费用高、损耗大。

（2）对于运输方式，亟须"四散化"。

2014年11月11日上午11时30分，一列满载北方玉米的火车缓缓驶进湖南金霞现代粮食物流中心，由中粮集团·湖南粮食集团携手共建的"北粮南运"铁路散粮运输专列正式开通，标志着连接南北主要粮食产销区的通道已全面打通，湖南粮食物流由此步入"四散化"流通的快车道。

长期以来，我国粮食的流通方式以装麻袋包为主，"散来包去，拆包散运"，加大了粮食物流成本。国内外大量实践证明，实现粮食"四散化"，即散装、散运、散卸、散存一体化运行，是提高粮食流通效益的必由之路，是粮食流通实现现代化的重要里程碑。根据国家发改委2007年《粮食现代物流发展规划》中提出的目标，2017年前，我国

将在粮食流通领域大幅提高跨省散粮运输比例，把现有的星罗棋布的粮食仓储、中转、加工设施，连点成线，连线成网，实现粮食物流"四散化"运输，建立起贯通全国的粮食流通网络。

所谓"四散化"运输（即散装、散运、散卸、散储），是国际上通行的现代化粮食物流方式，被发达国家普遍采用。发达国家粮食物流成本低、效率高的一个最根本原因就是"四散化"程度高，广泛使用散运工具和相应的散粮装卸配套设施，粮食装卸储运基本实现散化操作。而传统的包粮运输一条麻袋都要7~8元的成本，而且各个环节都需要大量人工装卸，而四散化运输则可以大大提高粮食收购、运输、装卸、储藏四个环节的效率。

但四散化运输的推广应用可不是弃用一条麻袋那样简单。由于我国粮食现代物流整体发展水平还比较落后，散粮运输实施起来还有两大门槛要过。其一是仓储设施还不能适应散粮接卸的需要。目前，我国仓容中只有约11%是适合粮食散装散卸的立筒仓和浅圆仓，其余89%的平房仓不适应散粮接收发放的需要。其二是运输工具还不适应散粮运输的需要。目前，我国散粮火车仅限于东北地区内部开行，散粮汽车运输处于起步阶段，内河散粮船舶运输尚未起步。整个流通环节需要经过多次灌包、

拆包，包装资材耗费大、抛撒损失多、掺混杂质情况严重。为此，业内人士呼吁，我国要大力发展散粮运输工具，尽快配备如散装粮食汽车、火车等散粮运输工具。当前可以采取限期改装现有汽运工具，迅速配置专用汽运工具方式进行。铁路散装运输工具靠地方难以进行，需要国家统筹规划配置。

总之，四散化运输是建立现代化粮食物流体系的重要内容，也是提高粮食流通效率，降低物流成本的最好方式。推进粮食流通"四散化"，有利于提高我国粮食流通效率、减少粮食流通损耗、增加粮食有效供给；同时，建立高效、畅通、节约的粮食现代物流体系，可以进一步加强粮食产销区的衔接。发展粮食流通"四散化"更是增强国家对粮食市场的调控能力、巩固国家粮食安全的重要举措。

（3）对于仓储设施而言，应亟须去危化。

我国目前实行的是三级粮食储备制度（中央储备、地方储备和农户自储），其中，政府（中央与地方）仓储设施只有10%左右适合粮食散装散卸，由于库房部分老化且储粮条件较差，造成在储存环节粮食损失率达约5%；农户的粮食储存量超过储存总量的50%，粮食损失量约为0.2亿吨/年。

农业部农产品加工局工作人员对此介绍说："我们经过大量调查，做过一些典型调查和全国的分析，我们现在的粮食，农户存量这一块平均损失率较高，我们每年粮食总产量约1万亿斤，有一半的粮食（近5千亿斤）是由农户储存的，产后损失在7%~11%之间，按农户储量占50%、损失平均数10%来算，每年损失粮食500亿斤。目前，相当一部分粮仓库设施设备陈旧、年久失修，加上粮库管理不当，就会导致粮食品质下降而难以销售，最后可能变成陈化粮不能食用。

据了解，除了个别配套设施完备的国储库，各地方粮库的仓储设施均十分简陋。现在全国还有很多没有改造的老仓，不少粮食企业（也有一些地方的粮管所）的设备使用了多年，早已落伍还在继续使用，造成损失也是非常可观的。有关调查显示，目前各地粮库在建设水平、设计标准等方面差异较大，平房仓、圆筒仓、露天囤等多种仓房形式同时存在。每年到了粮食集中入库和发运的时候，现代化的散粮发放设施与简陋的露天囤无法兼容，致使不少国家投巨资上马的粮食物流设施设备被闲置。

此外，由于大型仓储基地和设施投资巨大，收益期长，目前拥有大型粮食储藏基地及相关储库设施的多为国有大中型企业。但由于粮食收储季节性较强，一次收获，一年或多年储藏，每年到了粮食集中入库和发运的时候，会出现仓储设备及设施不够用的情况，然而，在轮转出库之后又会出现仓库闲置及不少企业投巨资上马的粮食物流设施设备被闲置等问题，资源不能合理有效配置。而一些中小粮商，在收储季节由于没有固定的储备库，往往是租库，或者是采用露天存储，加盖苫布等方式储藏。还有相当大一部分，仓储库没有任何温控手段，可能造成损失的隐患一直存在于全国各地粮食主产区。

2014 年 6 月，国务院第 52 次常务会议确定 2015 年底以前要建设粮食容量为 1000 亿斤的仓储设施，并把粮食仓储设施建设列入了国家重点工程。主要是通过两大类方式来做好粮食仓储设施建设。第一类是通过投资补助，支持中央直属企业和地方政府增加储备来建设一部分仓容，这是用投资补助的方式。第二类是通过竞争的方式。这里面有三种形式，一是通过放宽粮食收购政策，给一些大企业政策性粮食收储主体资格来换仓容，由企业来投资建设。二是通过一些政策性粮食收储主体，如中储粮总公司与社会企业签订粮食仓房租赁合同，以合同来换取仓容，就是"我给你存粮，你给我建仓"，国家可以不花钱。三是制定严格的准入条件，给一些社会企业政策性粮食的代储资格换取仓容。

为此，中央要求在 2017 年以前，全国需要完成"危仓老库"的维修改造和功能提升作业。重点的改造方向包括：加强仓房的保温隔热、防潮防雨功能和气密性；提升仓房的环流熏蒸、机械通风和粮情监测等功能。对于达到报废年限，已经没有维修价值的"危仓老库"，则可报废重建或异地新建，并将支持种粮大户、家庭农场和专业合作组织等，建设粮食烘干和储存设施设备。

中华粮网易达研究院院长焦善伟发言

近年来，国内粮食供求格局已发生深刻变化，国内粮食市场运行呈现生产连续丰收与消费需求增速放缓、粮食供求总量紧平衡与部分品种阶段性过剩、政策性粮食收购价格逐渐顶到"天花板"与保护农民利益、适度利用国际粮食资源与进口粮食冲击国内市场四大矛盾交织的"新常态"，给实现中长期供求平衡提出了更高要求，带来了更严峻的挑战。

一、"十二五"期间国内外粮油市场形势回顾

1. 生产形势回顾

近年来我国粮食产量总体呈稳步增长态势。据国家统计局数据，2014 年全国粮食总产量 12142 亿斤，与"十一五"末相比增幅 11%，其中小麦 2524.2

亿斤,增幅 9.57%;玉米 4312.9 亿斤,增幅 21.67%;稻谷 4130.1 亿斤,增幅 5.49%;大豆 233 亿斤,减幅 22.85%。另外,"十二五"期间全国粮食播种面积增加 2.54%,单产提高 6.69%。

2. 供需形势回顾

"十二五"期间,随着人口持续增加、居民生活水平提高,特别是城镇化加快推进,粮食需求继续呈刚性增长,产需基本平衡。从消费结构看,居民膳食结构发生变化:口粮消费持稳但增速回落,5 年间口粮消费增幅 3.89%;饲料粮快速增长,增幅达 7.5%;工业用粮总体增长较快,增幅达 11%。我国食用油供需缺口仍然较大,油脂油料进口依存度较高。

3. 价格走势回顾

近年来,受国家政策支持及生产成本上升等因素影响,国内主要粮食品种市场价格整体保持平稳上涨趋势,政策性收储与拍卖成为影响主要粮食品种价格的主导因素。据监测,"十二五"期间全国原粮收购价格指数最高上涨 22.13%,其中小麦上涨 27.24%,玉米上涨 28.8%,稻谷上涨 18.04%;全国油料收购价格指数最高上涨 30.33%。

4. 国际市场回顾

"十二五"期间国际粮价呈宽幅波动走势。粮食主产国的不利天气一度导致国际粮价在 2012 年下半年大幅上涨,其中玉米期货价格创下历史新高。但 2013~2014 年受全球粮食丰产影响,国际粮价跌至 2010 年以来最低点。当前全球经济复苏缓慢,新兴经济体发展困难重重及美元强势等因素使得全球粮油价格继续面临较大下行压力。

二、"十三五"期间国内外粮油市场形势展望

1. 生产形势展望

预计"十三五"期间我国粮食生产将稳定发展,但同时面临较多制约因素。近年来我国实行最严格的耕地保护制度,耕地减少过快的势头得到有效遏制,但是人多地少是我国的基本国情,再加上水资源约束、自然灾害、环境污染等,未来粮食产量继续大幅增加面临较多困难。根据历史数据及相关资料综合模型预测,2020 年我国粮食总产量为 12136 亿斤,比 2015 年增长 261 亿斤,增幅 2.2%。其中,小麦 2526 亿斤,增幅 3.44%;玉米 4462 亿斤,增幅 4.62%;稻谷 3937 亿斤,减幅 1.23%。

2. 供需形势展望

"十三五"期间,我国工业化、城镇化将迈入新的发展阶段,人口继续增长、经济转型发展、消费结构升级,都将推动我国粮油食品消费继续增长。综合历史供需数据及相关资料预测,2020 年我国粮食总需求量为 13847 亿斤,比 2015 年增长 901 亿斤,全部自给需要耕

地约 17.4 亿亩。从消费结构看，口粮总需求 5930 亿斤，年均增加 38 亿斤，增速进一步放缓；饲料用粮 4676 亿斤，年均增加 115 亿斤，城镇化等推动食物消费结构继续升级，拉动饲料用粮继续保持增长态势。工业消费将逐渐回暖，即使国家对工业用粮的增长采取限制措施，预计到 2020 年其消费规模也将超过 2317 亿斤，年均增加 39 亿斤，其中玉米占到一半左右。整体看，预计"十三五"期间我国粮食供求仍将保持"紧平衡"格局。

3. 价格走势展望

在国内粮食库存充足、世界粮油市场供需宽松及全球经济仍处于缓慢复苏期的影响下，预计后期国内粮食市场价格整体仍将以稳为主，不同品种、不同阶段有强有弱，其中国家宏观调控政策变化将成为影响粮价运行的关键。同时，国家政策性粮油拍卖将继续成为市场的重要供应粮源，且拍卖政策的调整也将对市场运行发挥"风向标"作用。随着国内粮油价格形成机制的市场化改革，预计在未来几年，粮食价格出现回暖的可能性较大。

4. 国际市场展望

据联合国粮农组织与经合组织预测，下一个五年，世界粮食供应将相对趋于缓和，粮食作物产量的增长将是"温和

与渐进的"，增产主要集中在发展中国家，尤其是亚洲、南美和非洲地区。未来全球人口增速放缓，发展中国家生活质量的提高使得粮食消费增加，这将成为未来全球粮食消费的主要增长点。而全球气候变暖带来的恶劣天气增多，任何具规模的自然灾害都将左右全球农产品的供给并使市场产生对库存紧张的担忧，因此未来五年世界粮食产量增加仍面临着不确定性，灾害成为未来市场推高粮油价格的潜在因素。而价格的上涨又将限制需求的增加，进而导致粮油供需逐渐趋于平衡。综合预计，未来五年主要粮油品种并不会出现明显的供应偏紧局面，国际粮价仍将保持震荡攀升走势。

三、"十三五"国家粮食安全形势存在的问题

1. 粮食市场将面临总量紧平衡与部分品种阶段性过剩矛盾

虽然近年来我国粮食产量稳步增长，但仅从当年国内生产和消费比较情况看，始终处于紧平衡状态，每年仍需从国外大量进口；另外，结构不平衡问题仍较为突出，玉米、稻谷已出现阶段性过剩，年度内产大于需超过 100 亿斤，使得保障国家粮食安全的难度增大、经济社会负担过重，且容易误导企业产生错误的粮食安全观念。

2. 主要粮食生产连续丰收与消费需求增速放缓的矛盾

受国家系列惠农政策支持，我国主要农产品实现了"十二连增"，而消费需求增速放缓，供大于求有趋于严重的态势。预计"十三五"期间仍会延续这种态势，这将造成收购量、存储量持续增加，财政负担持续增大，同时加上陈粮销售、新粮收购困难等情况，农产品流通可能陷入恶性循环。另外，还存在大量新建粮食仓储设施今后闲置的风险。

3. 国内粮价到达"天花板"与进口冲击的矛盾

受我国连续提高最低收购价格和临时收储价格、国际农产品价格下跌、人民币兑美元汇率上升等影响，从 2010 年起，我国粮食价格已全面高于国际市场离岸价格，使得进口优势明显，如东南亚大米、乌克兰玉米等，对国内市场的冲击较大。后期在国际粮价预期继续走弱的情况下，很可能会面临超出关税配额外的进口，这不仅会对国内粮食产销造成较大影响，也说明了现行的粮食调控政策已经逐渐"失灵"。从今年的情况看，临时收储矛盾已接近爆发"临界点"，不仅部分地区已出现"卖粮难"问题，而且农民的种粮收益并没有得到真正的实惠，如 2015 年玉米的价格情况，使得很多租地种植的生产者血本无归、亏损严重，这也将延缓农业规模化

种植的进程。

根据上述情况，简单提三点政策建议：一是加快农业现代化建设，稳定发展国内生产；二是加强顶层设计，实施更加积极的粮食调控战略；三是科学规划储备体系，建立健全粮食储备制度。

中华粮网总编辑孟凡军发言

根据粮食安全的概念，粮食安全在初期主要侧重于数量，食品安全主要侧重于质量。我认为，从 1980~2015 年可以分为三个阶段。首先，1980~1990 年，经历了缺衣少穿的年代。其次，1990~2000 年，是物质逐渐丰富的年代。最后，2000~2015 年，物质越来越多，进入去库存规模化的年代。这是一个创造历史的时代，具有划时代的意义。对于一个人来讲，"三高"肯定是不健康的。那么对于粮食的生产，同样存在这样一个问题。我们可以把目光放在粮油行业，无论是仓储还是加工，因为没有利润，大家都感觉寒冬漫漫非常的难熬。中间的环节难以生存，所以我们就要采取集约化、智能化、低碳化的发展。

我们粮油行业，现在正处于大时代的背景下。以小麦为例，小麦单产提高的速度是最快的，新中国成立以来都是以年均 3.3% 的速度在增长。小麦的亩产都是逐年上升的，而种植面积却在逐

渐下降。我们同样从粮食生产的角度把目光拉回当前，中国对于粮食市场整个调控政策，已经面临着一个最为关键的抉择时期。因为我们从 2004 年开始提出来托市收购，到今年是第 11 个年头。我们回头看这 11 年走过的路程，在初期都是犹豫不定的，在中期以托市收购政策主导整个市场，当前，我们提出目标价格。在"十三五"规划中，政策对粮食安全的调控会逐渐趋弱，以后市场决定价格的因素会越来越强。现在，国家的政策调节和市场调节处于博弈阶段。稻谷市场是最明显的，其次是玉米市场。

我们在保证粮食数量安全的情况下要回归到保证质量安全，最重要的是我们要回归到对生态、资源、环境的保护。价格的形成机制一定会向市场化发展，市场的因素越来越重要。改革开放以来，粮食和小麦的进口量变化最大的就是总量的变化，而总量变化最大的是大豆。在美国，每年有 1.1 亿吨玉米被用于生产乙醇。美国开采页岩油对原油价格的打压而带来了整体大宗商品价格的下跌。所以，整个粮食行业面临的大环境是不容乐观的。现在是一个粮食转型期，土地流转在加快。因为现在农民形成了断层，"80 后"、"90 后"基本上不会当农民。未来支持和保护政策的空间越来越有限，新的贸易体制下对农业补贴政策肯定会有限制。

盛华宏林粮油批发市场有限公司执行总经理于涛发言

刚才洪涛教授的研究报告从国家的层面上评估了粮食的安全问题，我就粮油批发市场的角度，作为流通环节的一个点，来谈粮食安全的问题。

第一，在北京 23 家农产品批发市场中，盛华宏林的大米占据 40% 的市场份额，杂粮占据 60% 的市场份额。从最近两年的销量来看，我们的大米、面粉的年销售量都在向下走，但杂粮的量在向上走。我觉得，生产品种的选择应该由市场来决定。粮食安全的评估报告对粮食的生产是具有指导意义的，但是要真正意义上指导生产环节品种的选择，还很难做到。在北京这样的销区，销售的品种其实发生了一些变化，但是在生产环节上，并没有很好地与销售联系起来。

第二，作为流通环节的批发市场，我们保证日常供应，也有利于维持价格。另外，我们承担北京的 1 万吨储备粮，保质保量。有很多杂粮在生产后到批发市场是没有经过检测的，这个检测的工作是在我们批发市场。我们在保证食品质量安全方面，每年都有很大投入。希望国家在这方面也有投入，在保证量的安全的同时也要保证质的安全。

易粮宝网站 CEO 王玉宝发言

首先我感到很荣幸能参加这样的会议。各位专家教授都对粮食安全提出了宝贵的建设性意见，也确实看到了很多问题。但我觉得，问题越多也就代表着成长的空间越大。正是因为有这些问题，才体现出我们在座的各位付出的努力的价值，只有解决问题才能体现价值。我在这里有两点个人的想法：

第一，就是开放的心态和积极的心态。大家都说"狼来了"，首先，要确定是不是狼；其次，狼早晚要来，我们如何面对和解决这些问题才是关键。同时我们作为一个企业，不能仅以经济利润为目的，更要以服务市场为目的。只有真正服务了市场，才能产生实在的价值和利润，否则产生的利润和价值都只是短暂的。粮食安全可能有数百个问题，但我觉得无非就是有没有粮的问题、粮的品质好坏的问题、如何储粮的问题、如何卖粮的问题等，其他问题都是由这些问题延伸出来的。作为企业有很多问题不是我们这个层面能考虑的，我们要清楚哪些是我们能做的、哪些是我们不应该做的，我们需要做好应该做的部分。与此同时，我相信今天这个会议每个人都有责任和义务去多宣导，讲真话。让粮食安全问题能够得到更多的领导去关注。今天源于看问题的角度方式不同，每个专家领导的思想都很有见地。有问题一定有解决方案，只是这个解决方案有没有一个渠道显现出来。有这样的研讨会非常好，把所有的信息流和建设性意见都汇集起来了。

第二，国企和民企都是中国的"孩子"，没有"后妈"。我们现在粮多，那我们能不能站在一个更高的高度去倡导亚洲的粮食安全问题？我们能否成为这样的一个先导者和组织者？这样真实地"走出去"，对我们粮食安全问题也是一个很好的解决方案。同时，能够把我们的粮食真正输出到一个需要粮食的地方，从单方面经济上的支持转换到粮食上面的支持也是一个非常好的政策。为什么中国的粮食没有竞争力？因为不论生产者还是消费者，他们的关注点都在成本上。如何将关注成本转换到关注价值上面，我们能否在粮食安全品牌方面做一个先行者？比如，我们减少化肥的使用、保证原粮的本色而不加添加剂，我们这样的理念能否真正宣导出去让消费者知道。对于粮食安全方面，消费者确实是完全无知的。

北京工商大学经济学院教授 徐振宇发言

我主要讲三个方面：

第一，我们当前处于一个新的环境下，除了要区分高铁生教授刚才谈的长期和短期的问题，还有一个周期性的问题。比如 2007~2008 年，全球性的粮食危机，以及中国面临的粮价上涨，当时中国是禁止出口的。那时我们面临的全球宏观环境是"三化"，即"粮食的能源化，粮食的金融化，还有粮食问题本身的政治化"。"三化"胶着在一起的时候，过去我们可能认为是一个趋势性问题，现在看来可能是一个周期性问题。尤其是在石油价格暴涨的时候，会导致能源化、金融化、政治化纠结在一起。如果石油问题不再是那么严重的问题（当时的原油价格为 150 美元/桶，现在 40 美元/桶），情况又发生了另外一个变化。所以，过去趋势性的问题现在可能变成一个周期性的问题。虽然现在面临着很多问题，但与以前所面临的可能都不是同一个性质的问题。我觉得现在的问题就像中共十八届三中全会提出的那样，怎么更好地处理政府和市场的关系问题。我们目前所面临的是国际的价格弹性和国内的价格刚性，或者说国际市场的弹性和国内政策主导的格局刚性之间的矛盾。这就引发了一些问题，如果下一个阶段要改革，我觉得唯一要做的就是要让市场在资源配置中起决定性作用。现在已经具备了这样一个条件，就

是我们消费者的承受能力比过去提高很多，农民的承受能力也比过去要强一些。国内外的供给能力大大提高，这是一个客观性的事实。中国的支付能力在提高，全球供求关系也在发生变化，如果依然按照过去政府在资源配置中起决定性作用，那么以上所提到的问题就不会缓解。过去一直说要提高对市场经济的驾驭能力，但我觉得这种说法是不正确的，市场经济并不是一匹马。我觉得我们不是要提高对市场经济的驾驭能力，而是要提高对市场经济的适应、学习和领会能力，所以十八届三中全会提出的让市场在资源配置中起决定性作用可以成为以后粮食安全指导的核心。

第二，我们谈粮食安全要从全产业链出发。我们现在还是过多地强调原粮，玉米和稻谷是粮食，那面粉、饼干就不是粮食了吗？现在不进口原粮了，开始进口肉及肉的深加工产品，这样是可以规避进口约束的。市场经济最核心的就是替代，替代可以解决很多问题。去年我们孙院士就提出来我们可以进口牛奶、牛肉，这样比进口原粮要合算得多。

第三，我觉得"走出去"可能是一个伪命题。因为"走出去"到国外种地，那么把它再运回来难道不是进口粮吗？

中华粮网电子商务部电子商务总监孙圣元发言

从 2015 年 3 月开始,"互联网+"已经成为国内的一个行动战略,各个行业都采用"互联网+"的手段来不断扩大自己的影响力。从 2014 年开始,我国的互联网企业开始不断地在国外交易所上市,并且不断地刷新市值。在 2014 年的福布斯富豪排行榜中,前 10 位有 5 位是做互联网的。据粗略统计,中国在海外上市的互联网企业市值已经达到 3.2 万亿元。这种欣欣向荣的互联网企业造就了许多互联网神话,也为我们粮食的电子商务企业带来了充分的信心。现在许多粮食电子商务网站,如中粮我买网,都是通过电子商务进行多渠道发展。我们粮食电子商务企业不管是国有控股企业还是私人企业,都在经历一个大发展。我们通过这些发展,看到了欣欣向荣,更要从中发现一些问题。

我就阿里巴巴的股权作为例子来说明,阿里巴巴 2014 年在美国上市,成为一家市值非常大的公司,阿里巴巴成长在中国,但上市在美国。从这一点上我们应当反思,我们国内的投资人没有办法直接参与阿里巴巴的投资。中国互联网企业的总市值是 3.95 万亿元,但有 3.2 万亿元是在海外上市,在海外上市不能给我国的投资者带来收益。这就存在一个非常大的问题,这些问题从今年开始已经受到了国家的重视。拿京东商城来说,京东商城 2012 年亏损 17 亿元,2013 年亏损 0.5 亿元,2014 年成功在海外上市,但却无法在国内 A 股上市,这样也就变相使我国的投资者受到了损失。反观粮食电子商务 10 多年的发展,我相信未来我们粮食电子商务也会有大的作为,也会出现跨国企业。到那个时候,是不是也需要从国际资本市场上来寻求资本和一个上市的途径呢?这是需要我们来思考的。我们粮食电子商务企业做大做强以后,是否还是需要去国外市场上市?会不会有这样一个尴尬的局面?这些问题就需要我们提前思考。

我认为,首先,我们的法律法规方面需要健全;其次,需要进行人才储备;最后,需要提高硬件技术手段。我国的铁路总长度已经达到了 11 万公里,所以我国做粮食电子商务企业的硬件条件是非常好的。无论海运还是陆运,我国都有非常强的实力。另外,无论京东还是阿里巴巴都跑到农村去刷墙,我们作为粮食电子商务企业是不是可以从这些企业的前瞻性中学到一些东西。最后我重申一下我的观点,为粮食电子商务企业创造一个安全的金融环境,将成为粮食电子商务安全发展的重要一环。

新华社记者姜刚提问

目标价格制度去年就在东北和新疆实施了，主粮的目标价格制度还不适应大规模的推广。去年全国 9 个省对棉花实行了价格补贴。您认为价格补贴推广到主粮，还有哪些"瓶颈"？

国家粮食局原局长高铁生回答

价内补贴和价外补贴的争论由来已久。坦率来讲，我不同意以前最低收购价格的补贴制度。这种价内补贴扭曲了市场价格，所以一定要搞价外补贴。加入 WTO，我们承诺补贴不能够超过总价值的 8.5%，现在已经接近 8.5% 了。搞价外补贴，就是目标价格补贴，就是使农民种粮获得的收益能够达到一定的数额。但是这些钱并不是通过直接控制价格来实现，而是通过补贴市场价格与目标价格的价格差来实现。现在只是选择了大豆和棉花作为试点，但是试点有很多问题。总体方向是对的，但具体的制度设计与方案设计还需要改进。

洪涛总结发言

第一，我向各位领导、各位专家、各位企业家还有各位媒体朋友参加 2015 年中国粮食安全评估高层研讨会表示感谢。这次研讨会有许多新的亮点，高铁生教授是粮食方面的名家，在研讨会上所讲到的"十大关系"非常有深度，另外在粮食安全问题上的交锋及在焦点问题上的交流都是非常有针对性和现实意义的，为此表示感谢。

第二，在大家的支持和鼓励下我们顺利完成了此次高层研讨会的一系列任务。首先向社会发布了《中国粮食安全发展报告 2014~2015》。此报告的顺利完成得益于各位的支持，是北京工商大学与中华粮网共同研究成果。同时在今天的会议上，"盛华宏林购"这个有特色的粮油交易平台在试运行了一年多以后，今天正式运行，是一件可喜可贺的事情。各级领导、首长、专家共同见证了这一特色模式的启动，具有很大的历史意义。

第三，这次会议对我个人来说有很多的启发，对本人今后在粮食安全问题上进行更加深入的研究有重大的意义，并且对从粮食评估方面考虑粮食安全问题有很大的帮助。我们通过今天的研讨会，进一步完善《粮食安全发展报告 2014~2015》，并把今天的会议成果附录在报告后面。

第四，中国的粮食生产、流通、消费进入到一个新的转折时期，我们经过了"十二连增"，未来的粮食生产、流通和消费可能不会像今天这样，粮食生产可能会更加重视量、质、效。粮食流通也会发生转变，通过现代流通来促进粮食生产的发展和两个市场更加开放与联动发展。粮食消费也会进入到一个新的历史时期，社会会更加重视粮食的质量、粮食的品牌，通过真正的品牌让消费者获得更好的产品。

我们希望"四个同一"的"盛华宏林购"在新时期能够发挥示范性项目的效果。"藏粮于技"中的科技将成为粮食的生产、流通和消费的一个重要的推动力量，因此粮食的生产、流通过程的生产要素中，科技将会发挥更大的作用，特别是信息科技。由此产生的粮食的新常态是一种变化的状态，包括绿色、低碳、生态、智能的粮食生产、流通、消费等。

（本纪要由雷雪妍、齐驰名整理）

后 记

　　《中国粮食安全发展报告2014~2015》在洪涛教授、傅宏教授主持下，导论由北京工商大学洪涛、中华粮网傅宏撰写，第一章由北京工商大学洪涛、北京工商大学研究生李春晓撰写，第二章由中华粮网易达研究院孙忠撰写，第三章由中华粮网孟凡军撰写，第四章由中华粮网易达研究院焦善伟撰写，第五章由北京工商大学洪涛撰写，第六章由北京工商大学洪涛、中华粮网代艳伟、《粮油市场报》牛尚撰写，第七章由北京工商大学李健、洪涛撰写，第八章由北京工商大学李国玉、洪涛撰写，附录由北京工商大学洪涛整理。整个研究报告由洪涛教授总纂。

　　本研究报告是教育部哲学社会科学发展报告培育项目，得到中华粮网和首都流通业研究基地的支持，得到经济管理出版社杨世伟总编辑、张永美编辑的积极配合，得到粮食经济行业众多专家的关爱，在此一并表示感谢。

洪　涛

2015 年 9 月 19 日